Ostalgie

Zum Umgang mit der DDR- Vergangenheit in den 1990er Jahren

Thomas Ahbe

2

Dr. Thomas Ahbe ist Sozialwissenschaftler und freier Publizist in Leipzig.

Buchveröffentlichungen u. a.:

Identitätskonstruktionen. Das Patchwork der Identitäten in der Spätmoderne.
(Zus. mit Heiner Keupp, Wolfgang Gmür, u.a.) Rowohlt 1999, erw. Aufl. 2002,

Es kann nur besser werden. Erinnerungen an die fünfziger Jahre in Sachsen.
(zus. m. Michael Hofmann) Gustav Kiepenheuer Verlag 2001,

Die DDR aus generationengeschichtlicher Perspektive. Eine Inventur.
(Hrsg. zus. m. Rainer Gries und Annegret Schüle. Leipziger Universitätsverlag.
(ersch. 2005).

Diese Veröffentlichung stellt keine Meinungsäußerung der Landeszentrale für politische Bildung Thüringen dar.
Für inhaltliche Aussagen trägt der Autor die Verantwortung.

Landeszentrale für politische Bildung Thüringen
Regierungsstraße 73, 99084 Erfurt, www.thueringen.de/de/lzt
Herstellung: Druckerei Sömmerda GmbH
2005
ISBN 3-931426-96-3

Inhalt

Zusammenfassung: Die Ostdeutschen und das Bild vom Osten nach 1990

Erläuterungen

Einleitung

(Foto: Bundesbildstelle)

Bei Espenhain 1991.

Eine unerhörte Begebenheit

Als der Sommer des Jahres 2003 zu Ende ging, rollte über die deutschen Fernsehbildschirme eine neue Welle: die der Ost- oder DDR-Shows. Über Wochen hinweg wurden in Fernseh-Shows Produkte, Symbole, Geschichten und Erinnerungen aus der DDR-Zeit gezeigt. Doch die ‚Sammlung', die im Jahre 2003 im Rampenlicht präsentiert wurde, war schon einmal in aller Öffentlichkeit zu sehen. Das gleiche Furnier der DDR-Schrankwände, das im Jahre 2003 gut ausgeleuchtet auf der Bühne stand, wellte sich 13 Jahre zuvor im trüben Licht der Straßenbeleuchtung und in den Pfützen des

Jahres 1990, wenige Monate nachdem am 1. Juli die D-Mark in der DDR eingeführt wurde. In diesem Jahr produzierten die Ostdeutschen pro Kopf 1,2 Tonnen Müll, dreimal soviel wie die Westdeutschen.[1] Haufenweise wurden die Gegenstände des DDR-Alltags ausrangiert. Was 1990 im Rinnstein und auf den Sperrmüllplätzen vor sich hin rostete – Unterhaltungs- und Haushaltstechnik von *RFT* bis *AKA-electric* – wurde 2003 begeistert als „Identitäts-Anker" in die Kamera gehalten: „Unser Stern-Recorder!", hieß es. Während die *Trabis* 1990 noch wie die Skelette von ausgeweidetem Großwild die Straßen säumten, fuhren sie im Jahre 2003 knatternd und quäkend über die Show-Bühne, als wären sie schon immer des Neu-Bundesbürgers allerliebstes Auto gewesen.

Was war geschehen?

(Foto: Bundesbildstelle)

Wohngebiet 1991 in Leipzig.

Ostalgie – Facetten eines Phänomens

Nach der Entsorgung von Gegenständen und Symbolen aus der DDR-Zeit setzte in den Jahren 1991 und 1992 allmählich deren Wiederentdeckung ein. Die Renaissance von Symbolen der DDR-Vergangenheit wurde sowohl durch sentimentale Nostalgie angetrieben wie auch durch Versuche einer erinnernden Selbstvergewisserung und laienhafter Vergangenheitsaufarbeitung. Ironie und Klamauk spielten hierbei ebenso eine Rolle wie das Bedürfnis von Jugendlichen, sich auf neuartige Weise von der Erwachsenenwelt abzugrenzen und neue Stile zu erfinden. Darüber hinaus wurde und wird diese Renaissance auch kommerziell bedient und angetrieben: Der Verweis auf ‚die alten Zeiten' hilft Zigaretten, Bier und Würstchen zu verkaufen. Und auch mit gutverkäuflichen Erinnerungen an die Vergangenheit in der DDR – beispielsweise mit Büchern, Spielen, CDs, Filmen, Designprodukten oder Fernseh-Shows – wird Geld gemacht.

Diese aus recht unterschiedlichen Bedürfnislagen von verschiedensten Akteuren betriebene Wiederbelebung wird gemeinhin als „Ostalgie" bezeichnet. Das Kunstwort „Ostalgie" stieg in den 1990er Jahren zu einem präsenten und starken Schlagwort auf. Seine Erfindung wird dem Dresdner Kabarettisten und Schauspieler Uwe Steimle zugeschrieben. Die Popularität des Terminus „Ostalgie" rührt zum einen daher, dass er sehr viele und auch immer wieder neu entstandene Erscheinungen oder Haltungen zu etikettieren vermag. Zum anderen beruht die Popularität des Wortes „Ostalgie" darauf, dass es mit verschiedenen Wertungen verbunden werden kann: Für die Einen dient „Ostalgie" als stigmatisierender Begriff, mit dem sie die Renaissance von Symbolen aus der DDR-Zeit als verurteilenswerte DDR-Nostalgie kennzeichnen wollen. Die Anderen etikettieren das Aufkommen von Symbolen aus der DDR-Zeit wertneutral als „Ostalgie", weil sie darin eine berechtigte Form der Erinnerung oder eine erfolgversprechende Geschäftsidee sehen. Und wieder andere wollen in „Ostalgie" eine besondere Art ostdeutscher Selbstbehauptung erkennen.

Ostalgie kann als eine für die 1990er Jahre typische Reaktionsweise eines Teils der ostdeutschen Bevölkerung betrachtet werden, mit der diese Gruppe den Bruch nach 1990, den scharfen Schnitt zwischen Vergangenheit und Zukunft thematisierte. Denn was sich politik- und wirtschaftswissenschaftlich als erfolgreiche Einführung eines neuen Systems[2] beschreiben lässt – also der Aufbau neuer Institutionen, Handlungsstrukturen und Werte –, war aus Sicht der ostdeutschen Bevölkerung ein sehr widersprüchlicher und schwieriger Prozess, der nicht nur mit Gewinnen, sondern auch mit Verlusten einherging.

Das Verschwinden von Symbolen der DDR-Vergangenheit

Ausgestemmtes DDR-Emblem an der Sandsteinfassade vom Gebäude des ehemaligen Rat des Bezirkes, danach Stadtverwaltung, in Cottbus, August 1990.

Die friedliche Revolution 1989/1990: Spontane Demontage der DDR-Symbole

Vorspiel der friedlichen Revolution in der DDR war, dass engagierte Gruppen mit ihren Botschaften in eine ihnen bis dahin vollständig versperrte Öffentlichkeit gelangen konnten. Diese Aktionen gewannen vor allem dann an Bedeutung, wenn sie in den bundesdeutschen Radio- und Fernsehberichten thematisiert wurden, wie beispielsweise die Proteste anlässlich der Luxemburg-Liebknecht-Gedenkfeier am 15. Januar 1988 in Berlin. Hier wurden die Herrschenden auf einer symbolischen Ebene angegriffen: Mit Bezug auf einen Aufsatz von Rosa Luxemburg stellte man genau jene Herrschaftsverhältnisse in Frage, die ihre Rechtfertigung aus dem Totenkult der ermordeten Märtyrerin beziehen wollte. Bei dieser Aktion ging es noch um die *Nutzung* der Staatssymbole für oppositionelle Ziele – wie später auch beim Sprechchor „Wir sind das Volk" oder beim Absingen der „Internationale" auf den Leipziger Montagsdemonstrationen. Als sich die Machtverhältnisse nach der Erringung des Demonstrationsrechts in der DDR durch die Leipziger Großdemonstration am 9. Oktober 1989 verändert hatten, setzte die Demontage der DDR-Staatssymbole ein. Zunächst kam es hierbei zu einer *spontanen Welle der Beseitigung* der DDR-Staatssymbole. Nachdem die gewalt-

(Foto: Stadtarchiv Erfurt)

19. November 1989 in Erfurt.

tätige Auflösung von Demonstrationen nicht mehr zu befürchten war, bestand nun die Gelegenheit zu einer öffentlichen, oft originellen und satirischen Demontage der DDR-Symbole. Diese Art des Bildersturms äußerte sich vor allem darin, dass Symbole, Ikonen und Texte des DDR-Systems lächerlich gemacht wurden – beispielsweise durch Montagen und Karikaturen zu den bekannten Portraits der SED-Führer. Auf der Berliner Demonstration vom 4. November 1989 konnte die Heiterkeit und Inspiration von Siegern erspürt werden, die für ihren Sieg keinen blutigen Preis gezahlt hatten und mit versöhnlichem Blick auf die Gegenwart und zuversichtlich in die Zukunft sahen. Lachend wurde ein Plakat vorgezeigt, das den Händedruck aus dem SED-Emblem – für viele Symbol der SED-Herrschaft – in eine Abschiedsgeste umdeutete und mit den Worten „und Tschüß!" unterschrieb.

Einige Demonstranten stellten an diesem Tag eine DDR-Ehrentribüne nach: Von einer erhöhten Plattform winkten die Darsteller der ‚DDR-Repräsentanten' mit alterstypisch zittrigen Händen dem Volke, welches zum Kundgebungsplatz strömte, zu. Und ‚das Volk', die DDR-Bürger der friedlichen Revolution von 1989, winkte zur ‚Ehrentribüne' zurück. Auf der Demonstration am 4. November 1989 plakatierte man auch den Spruch: „Ein Vorschlag für den 1. Mai: Die Führung zieht am Volk vorbei!". Diese Losung zielte auf ein zentrales politisches Ritual, nämlich den „Vorbeimarsch der mit der Parteiführung verbundenen jubelnden Volksmassen an der Ehrentribüne", auf der die Staats- und Parteiführung sowie symbolisch als Vertreter des Volkes einige „verdiente Werktätige" standen. Das Ritual des Vorbeimarsches an der Ehren-Tribüne sollte genau das feiern, was in der DDR nie bestanden hat: „Die Einheit von Volk und Partei(führung)." Der Demo-Spruch von 1989 beorderte die Führung von ihren Ehren-Tribünen herab und spielte mit der Vorstellung eines Hierarchiewechsels zwischen

(Foto: Thomas Kläber)

DDR-Propaganda-Transparent mit „Die Wende" übermalt, März 1991.

Oben und Unten.[3] Ein anderer Grund, warum dieses Ritual sofort lächerlich gemacht wurde, liegt nicht im politischen, sondern im ästhetischen Bereich. Das Vorbeimarsch-Tribüne-Ritual war in einer abstoßenden Art veraltet. In eine modernisierte Industriegesellschaft passte *diese* Inszenierung von Pathos, Einheit, Hierarchie und Autorität, die dem Weltempfinden der 1920er und 1930er Jahre entsprach, überhaupt nicht mehr. Die spielerische Umkehrung dieser Rituale war sozusagen eine Antwort auf gleicher Ebene: Die „demonstrierenden Werktätigen" trugen während der friedlichen Revolution zwar immer noch die Porträts der SED-Führung voran – nun aber waren aus den Porträts der Machthaber die Porträts von Häftlingen geworden.

Das seit Jahrzehnten propagandistisch angesprochene „Volk" antwortete also spontan den nun machtlos gewordenen Machthabern mit den gleichen kommunikativen Mitteln, die die Herrschenden einst selber genutzt hatten. Das zeigt sich zum Beispiel auch in Cottbus. Ein Propaganda-Transparent wurde nicht einfach zerstört oder demontiert, sondern abmontiert, mit einem knappen Kommentar versehen und dann wieder sorgfältig angeschraubt.

Nach der Maueröffnung am 9. November 1989 verlagerte sich der Schwerpunkt in der Kommunikation von der Reformierung der DDR auf eine Vereinigung mit der Bundesrepublik. Nun repräsentierten die Symbole der DDR keinerlei Zukunft mehr,

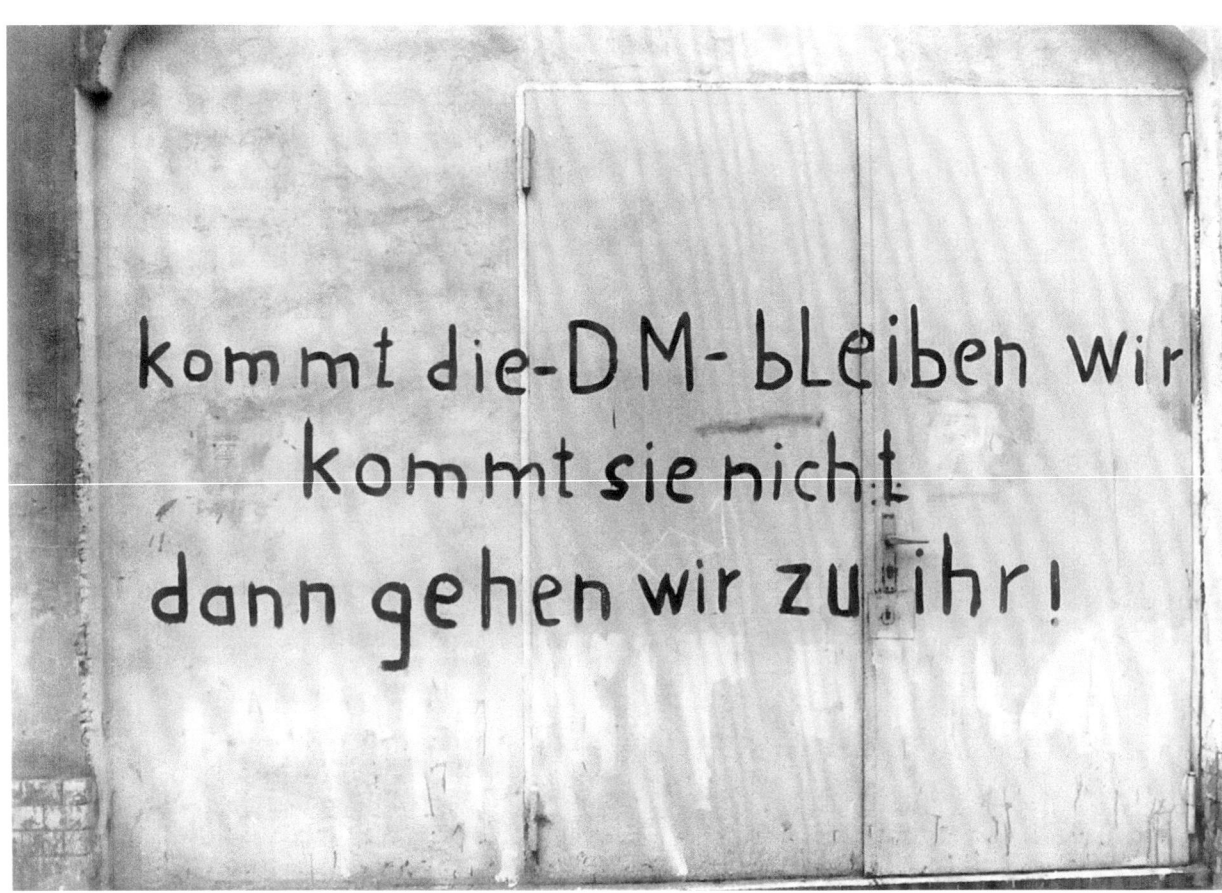

(Foto: Stadtarchiv Erfurt)

sondern nur noch ein Problem. Auf den Demonstrationen wurden DDR-Fahnen geschwenkt, aus denen das DDR-Emblem herausgeschnitten war, zudem verbrannte man DDR-Embleme öffentlich. Auf der Leipziger Demonstration vom 11. Dezember 1989 wurde die „Wiedervereinigung" als Alternative zu „sozialistischer Armut" gesetzt und damit gegen den damals noch bestehenden Plan einer Konföderation gestimmt. Die Hoffnung auf die Teilhabe am Wohlstand der Bundesrepublik widerspiegelte sich dann auch in der berühmten Losung: „Kommt die D-Mark, bleiben wir. Kommt sie nicht, geh'n wir zu ihr!"

(Foto: Bundesbildstelle)

Demonstration im Berliner Lustgarten zum Umtauschkurs DM zu Mark der DDR.

(Foto: Stadtarchiv Erfurt)

Ende Juni 1990, Kaufhalle in Erfurt.

(Foto: Stadtarchiv Erfurt)

Erfurt: Die Vorbereitung der Währungsunion.

Die Währungsumstellung 1990: Schlagartiges Verschwinden der DDR-Produktwelt

Am 18. Mai 1990 schlossen die Bundesrepublik und die DDR den „Vertrag über die Schaffung einer Währungs-, Wirtschafts- und Sozialunion zwischen der Bundesrepublik Deutschland und der Deutschen Demokratischen Republik" ab. Darin hieß es: „Mit Wirkung vom 1. Juli 1990 wird die Deutsche Mark als Währung in der Deutschen Demokratischen Republik eingeführt."[4] In den Jahren zuvor hatte die D-Mark in der DDR als eine Art zweite Währung fungiert. Grundnahrungsmittel und andere Güter des elementaren Bedarfs wie Wohnen oder Kleidung waren in der DDR subventioniert, während andere Warengruppen gewissermaßen mit Verbrauchssteuern belastet wurden. Dadurch kostete ein Fernsehgerät dreimal soviel wie im Westen, dagegen ein Laib Brot nur ein Sechstel. Die Miete von Wohnungen mit zum Westen vergleichbarer Qualität betrug im Osten nur ein Viertel des entsprechenden Westniveaus.[5] Unter

(Foto: Bundesbildstelle)

Schaufenster am Alexanderplatz in Berlin am Tag der Währungsunion.

diesen Bedingungen konnten jene DDR-Bürger, die über D-Mark verfügten, Importwaren aus dem Westen oder aber auch in der DDR schwer zu erlangende Dienstleistungen zukaufen – während andere Teile der DDR-Bevölkerung von diesen Konsummöglichkeiten abgeschnitten blieben. Folglich stellten sich große Erwartungen, ja Euphorie ein, nachdem der Termin für die Währungsunion bekannt geworden war. Die DDR-Bürger gingen davon aus, dass das begehrte „Westgeld" nun monatlich auf ihre Konten fließen und all die bekannten und unbekannten „Westprodukte" nun überall angeboten werden würden. Im Osten verschaffte die Ankündigung der Währungsunion dem Projekt des raschen Beitritts der DDR und der Übernahme des bundesdeutschen Systems einen enormen Zuspruch. Skeptische und kritische Stimmen zu der geplanten Art der Währungsumstellung blieben in der Minderheit. Konzepte, die auf die Reformierung der ostdeutschen Gesellschaft im Rahmen einer deutsch-deutschen Konföderation abzielten, verloren weiter an Attraktivität.

In den Tagen vor der Währungsumstellung räumte der Handel seine Verkaufsflächen und Lager von den, wie man meinte, künftig nicht mehr absetzbaren DDR-Produkten. Am Freitag, dem 29. und am Samstag, dem 30. Juni 1990, konnte man durch Verkaufsstellen mit nahezu völlig geleerten Verkaufsflächen und Regalen gehen. Die Schaufenster waren ausgeräumt oder verhängt.

Der Tag der Einführung der D-Mark wurde von vielen Ostdeutschen euphorisch bejubelt. Gefeiert wurde die Erwartung, dass die gewohnten Lohn- und Gehaltszahlungen von nun an in D-Mark erfolgen und dass die DDR-Mark-Sparguthaben in einem Kurs von 2:1 umgetauscht würden. Die Währungsunion bedeutete für viele Ostdeutsche die Aufnahme in den Club der mündigen Konsumenten. Sie mussten sich beim Kaufen nur noch nach den eigenen finanziellen Mitteln, aber nicht mehr nach politisch definierten Subventions- und Verteilungs-Kriterien richten. Am Montag, dem 2. Juli 1990, war *überall und mit einem Schlag* ein komplett erneuertes Warenangebot in den Geschäften. Die aufgestauten und bisher unbefriedigt gebliebenen Konsumwünsche wie auch das Bedürfnis, etwas Neues auszuprobieren, führten in den Wochen und Monaten nach der Währungsumstellung zu außerordentlichen Umsätzen im Handel.

Auf der anderen Seite bedeutete der Sortimentwechsel aber auch, dass bislang vertraute Produkte nicht mehr erhältlich waren. Die folgende Übersicht illustriert, in welchem Ausmaß bislang gewohnte Produkte verschwanden. (siehe Tabelle 1)

Tabelle 1

Anteil der Westwaren am Absatz in Ostdeutschland im September 1990					
Röstkaffee	Dosensuppen	Früchtequark	Weichspüler	Speisefett	Speiseöl
96%	94%	90%	81%	76%	41%

Quelle: Sinn, Gerlinde; Sinn, Hans-Werner: Kaltstart. Volkswirtschaftliche Aspekte der deutschen Vereinigung. München: C.H. Beck/dtv, 1993, S. 97.

(Foto: Stadtarchiv Erfurt)

Die Reste des „Goldbroiler" liegen auf dem Hof, wo einst die „Goldbroiler"gegessen wurden, Erfurt, August 1991.

(Foto: Stadtarchiv Erfurt)

Thüringer „Wurst-Tradition" gegen „starken Westlichen Druck". Nachricht an die Kunden an einem Fleischergeschäft in Erfurt 1993.

(Foto: Silke Geister)

Juli 1990 in Leipzig.

Die Produkte, die noch im Jahr zuvor benutzt wurden, fanden sich stattdessen auf dem Müll, in Sperrmüllcontainern oder am Straßenrand.[6] Spektakulär war die Entdeckung von Tausenden druckfrischen Büchern aus den Beständen des ehemaligen Buchgroßhandels auf einer Müllkippe bei Leipzig. Ein Reporter notiert: „Ungelesen in den Abfall gekippt wurden: Kinderbücher, deutsche Klassiker, internationale Belletristik."[7] Die Bücher lagerten bis dahin im Leipziger Kommissions- und Großbuchhandel (LKG). Mitte der 1990er Jahre hatten die Hälfte der Verlage die Verträge mit dem LKG gekündigt, aber ihre dort lagernden Bücher nicht abgeholt. Die Verlage wiederum hatten ihre Immobilien an die Treuhand verloren, sie mussten nun mit einem Bruchteil der Fläche wirtschaften und auch ihre umfangreichen Bibliotheken und Archive abstoßen.[8]

Doch auch die Waren, die nach der Einführung der D-Mark in der noch bestehenden DDR produziert wurden, fanden nicht mehr in die Verkaufsregale. Oft versuchten die Produzenten, ihre Waren auf öffentlichen Plätzen direkt an die Kunden zu verkaufen: Würste, Brote, Textilien, Schuhe. Im Jahr 1990 wurde in den Straßen der DDR viel demonstriert. Eine der kuriosesten Demonstrationen war die der ostdeutschen Produzenten. Ihr Adressat war der Konsument. Dem Demonstrationszug voran trugen sie ein Transparent auf dem zu lesen war: „Warum kauft Ihr unsere Erzeugnisse nicht?"

Der Beitritt zur Bundesrepublik 1990: Demokratisch legitimierte Beseitigung der DDR-Symbole

Am 23. August 1990 beschloss die Volkskammer der DDR „den Beitritt der Deutschen Demokratischen Republik zum Geltungsbereich des Grundgesetzes der Bundesrepublik Deutschland gemäß Artikel 23 des Grundgesetzes mit Wirkung vom 3. Oktober 1990."[9] Damit markierte die Volkskammer den Zeitpunkt, an dem mit den staatlichen Institutionen auch die restlichen DDR-Staatssymbole aus der Öffentlichkeit zu verschwinden hatten. Nachdem in den letzten Monaten der Noch-DDR viele Institutionen ihre sozialistischen Namen ablegten und ihre öffentlichen Räume von Transparenten, Fahnen und Propaganda-Schaukästen befreit hatten, schaffte sich in der Nacht zum 3. Oktober nun auch der DDR-Staat selbst ab. Spätestens zu diesem Zeitpunkt verschwanden dann auch an den ehemaligen staatlichen Institutionen und Behörden die Reste der repräsentativen Oberfläche der DDR.

Die Erneuerung der repräsentativen Oberfläche in den neuen Bundesländern war rechtsstaatlich geregelt und durch politische Mehrheitsverhältnisse legitimiert. Inhaltlich wurde sie von den Wertvorstellungen der neuen politischen Eliten Ostdeutschlands geprägt. Am markantesten zeigte sich dieser Prozess bei den Um- oder Rückbenennungen von Straßen. Die Namen von Straßen, Plätzen und Brücken, die Denkmäler und Gedenktafeln symbolisieren, was als Tradition einer Gesellschaft gilt. Sie stellen gewissermaßen ihr ‚öffentliches Gedächtnis‘ dar. Sie sind nicht immer unumstritten. In der DDR war mit der Namensgebung das sozialistische Traditionsverständnis in der Öffentlichkeit verankert worden. Zugleich sind diese Namen für jene Menschen, die sich nicht zu diesen Traditionen bekennen wollten, als ein Symbol der Diktatur wahrgenommen worden.

Aus diesem Grunde begannen die lokalen Parlamente auch recht bald, die öffentlichen Verweise auf Symbole der DDR und ihres Traditionsverständnisses zu überprüfen, neu zu bewerten und oft auch zu beseitigen. Da zu diesem Prozess noch keine detaillierten Studien vorliegen, soll der Umgang mit den DDR-Symbolen hier am Beispiel *einer* Stadt illustriert werden. Die Stadt Leipzig eignet sich hierfür recht gut.

In Leipzig wurden in den Jahren zwischen 1945–1989 etwa 400 nach Personen benannte Straßen und Plätze um- oder neubenannt. Die Tilgung der nationalsozialistischen, nationalistischen und militaristischen Traditionslinie ging mit der Verankerung der antifaschistischen und vor allem sozialistischen Traditionslinie im öffentlichen Raum einher.[10] Diese 400 Namen, die in gewisser Weise auch die DDR symbolisierten, standen nach 1990 zur Überprüfung. Das führte zu zwei Umbenennungswellen, die 1992 und 1999 vollzogen wurden. In der ersten Umbenennungswelle von 1992 wurden von den genannten 400 Namensgebungen 38 Straßen und Plätze umbenannt, in der zweiten Welle von 1999 noch einmal 10 Straßen – das sind insgesamt 12

(Foto: Stadtarchiv Erfurt)

Prozent der in der Zeit der SBZ und DDR nach Personen benannten Straßen und Plätze und gut zwei Prozent aller Straßennamen und Namen von Plätzen in der Stadt.[11]

Doch noch bevor man sich mit der ersten Umbenennungswelle beschäftigte, erfolgte in Leipzig am 3. Oktober 1990, dem Tag des Beitritts der DDR zur Bundesrepublik, eine spektakuläre Rückbenennung. In der Sondertagung der Leipziger Stadtverordnetenversammlung vom 2. Oktober 1990 wurde mit deutlicher Mehrheit dem Votum der Einwohner folgend beschlossen, den *Karl-Marx-Platz* in *Augustsplatz* rückzubenennen. „Mit dem letzten Glockenschlag des 2. Oktober 1990", in der letzten Minute der DDR, wurden die Namensschilder getauscht.[12] Sowohl die Art des Vollzugs dieser Rückbenennung wie auch die hohe Priorität auf der Agenda der Stadtverordneten verweist auf die Relevanz der Symbole: Der Platz ist der größte und wichtigste der Stadt. Hier stehen das berühmte Gewandhaus, die Universität und die Oper, hier nahmen die großen Demonstrationen der friedlichen Revolution ihren Anfang, hier fanden später die wichtigen Kundgebungen statt. Hier sollte auch zuerst ein Zeichen für den Neuanfang und für den Abschied von der DDR gesetzt werden. Der Namenspatron Marx, der Philosoph und Wissenschaftler aus dem 19. Jahrhundert, war von der DDR-Propaganda längst auf eine Galionsfigur des DDR-Sozialismus reduziert worden – und so wurde Marx nach 1990 auch wahrgenommen.[13] Darüber hinaus wurde deutlich, dass wichtige Orte nicht mehr mit Symbolen der DDR verbunden sein sollten.[14]

Die ganze Differenziertheit bei der Neujustierung von Leipzigs öffentlichem Gedächtnis zeigt sich in den beiden Umbe-nennungswellen von 1992 und 1999. In der zum 1. Januar 1992 in Kraft getretenen ersten Umbenennungsaktion standen 67 Leipziger Straßennamen zur Debatte. Letztlich wurden davon 38 Straßen umbenannt. Hierbei zeigten sich verschiedene Intentionen. Zunächst ging es darum, mit den Namen der wichtigen Ausfall- und Richtungsstraßen die „regionale Einbindung der Stadt Leipzig in ihre Umgebung"[15] wieder darzustellen. Auch bei der Um- oder Rückbenennung der übrigen städtischen Straßen und Plätze war das erklärte Ziel, regional- und stadtgeschichtliche Bezüge stärker in den Vordergrund zu stellen. Die hierbei entfernten Namen waren stets Verweise auf das Traditionsverständnis der DDR. Selbst solche an sich eher unproblematischen Straßennamen wie „Spartakusstraße", „Straße der Bauarbeiter", „Straße der Jugend", „Straße der Solidarität" oder „Straße der Völkerfreundschaft" im Neubaustadtteil *Leipzig Grünau* wurden als Verweise auf die DDR getilgt.[16] Trotz dieser Umbenennungen wollten die Stadtverordneten das öffentliche Gedächtnis der Stadt nicht vollständig von DDR-Symbolik abgrenzen. Fünf Jahre später, im Jahr 1997, wurde noch einmal eine Arbeitsgruppe „Straßen- Um- und Neube-nennungen"[17] tätig, die im Mai 1999 zu ihren abschließenden Empfehlungen kam und die zweite Umbenennungswelle organisierte. Von den verbliebenen 335 Straßen und Plätzen, die zwischen 1945 und 1989 nach Personen benannt worden waren, wurden noch einmal 176 diskutiert und letztendlich weitere 10 Straßen, die auf das DDR-Traditionsverständnis verwiesen, umbenannt. Zu den neuen Namenspatronen zählten nun ein US-Kommandeur, dessen Truppenteile im April 1945 Leipzig befreiten, ein Opfer der NS-Militärgerichtsbarkeit, ein Opfer aus dem militärischen Widerstand gegen das Naziregime, ein studentisches Opfer der Sowjetischen Militäradministration, ein Opfer des DDR-Grenzregimes, ein ehemaliger Leipziger Stadtverordneter und späterer Mitbegründer und Bundesvorsitzender des „Gesamtverbandes der Sowjetzonenflüchtlinge e. V.", ein Leipziger SPD-Bezirksvorsitzender aus der Zeit der Weimarer Republik und Reichskanzler Bismarck.

Zusammenfassend kann man sagen, dass sich in Leipzig beim demokratisch legitimierten Umgang mit den Symbolen der DDR-Vergangenheit drei Grundtendenzen zeigen. *Erstens* wurden im symbolisch besonders bedeutsamen Bereich – der Innenstadt, dem Innenstadtring und dem Areal um das Bundesverwaltungsgericht – alle Verweise auf die DDR-Vergangenheit entfernt. Bis auf zwei Ausnahmen geschah das auch bei den elf Magistralen und Ausfallstraßen. *Zweitens* versuchte man im übrigen Bereich der Stadt einen Ausgleich zwischen den verschiedenen Traditionslinien zu schaffen, die nach 1990 zu würdigen waren. Die Installation neuer Verweise geschah auf Kosten von DDR-Traditionsbezügen. Dass man tatsächlich um Ausgewogenheit und nicht um die Entfernung aller DDR-Verweise bemüht war, soll an einem Beispiel erläutert werden. Die DDR benannte im Jahr 1986 eine am Stadtrand neu entstandene Straße nach einem im Jahr 1962 während des Grenzdienstes erschossenen Unteroffizier der DDR-Grenztruppen. Dieser *Jörgen-Schmidtchen-Weg* wurde 1999 unter der Maßgabe nicht umbenannt, „daß eine in der Nähe befindliche Straße den Namen eines noch zu benennenden Fluchtopfers erhält."[18] Seit 1999 verläuft nun quer zum *Jörgen-Schmidtchen-Weg* die *Zillstraße*, die an den 1969 beim Grenzübertritt erschossenen Leipziger Wolfgang Zill erinnert. Zu diesem Zwecke wurde die *Joseph-Zettler-Straße*, benannt

nach einem Kämpfer im Spanischen Bürgerkrieg (1936–1939) und späteren Oberst der NVA, in *Zillstraße* umbenannt.

In der Stadt Leipzig verlief der Umgang mit den öffentlichen Symbolen der DDR-Vergangenheit relativ unspektakulär und ausgewogen. Einer der Gründe dafür dürfte auch sein, dass in Leipzigs Stadtgebiet keine großen sozialistischen Denkmäler vorhanden waren.[19] Denn gerade um deren Schicksal gab es in anderen ostdeutschen Städten scharfe Kontroversen, bei denen die Argumente von politischen Akteuren, Bürgern, Denkmalschützern und Künstlern aufeinander prallten. So gab es beispielsweise gegen den Abriss des monumentalen Berliner Lenin-Denkmals viele Klagen, Proteste, Unterschriftensammlungen und eine Bürgerinitiative. Das Denkmal wurde am 8. November 1991 unter Polizeischutz demontiert. Zuvor konnte man am versteinerten Lenin noch die „Keine-Gewalt"-Schärpe der einst von der DDR-Polizei gejagten Demonstranten der Herbstrevolution sehen.

In Dresden entschieden die Stadtverordneten am 3. September 1991, dass das vor dem Bahnhof befindliche Lenin-Denkmal zu entfernen sei und schrieben die Demontage und den Abtransport der sieben Meter hohen und 120 Tonnen schweren Granitskulptur öffentlich aus. Am 20. November 1991 schlug der Münchner Künstler Rudolf Herz dem Dresdner Oberbürgermeister vor, das Denkmal künstlerisch zu verfremden, anstatt es zu entfernen. Am gleichen Standort wollte er aus den Bestandteilen des zerteilten Denkmals ein „skulpturales Gebilde" entstehen lassen. Herz schrieb: „Diese Anordnung erinnert an ein Museumsdepot oder ein archäologisches Trümmerfeld: ein Aggregatszustand zwischen Abbau und Rekonstruktion. ‚Lenins Lager' ist eine ketzerische

Demontiertes Lenin-Denkmal aus Berlin.

Kritik an den staatspolitischen Aufarbeitungsritualen nach dem Fall der DDR, ein anstößiges Erinnerungsstück mit politischen und ästhetischen Reibungsflächen und soll am bisherigen Ort des Denkmals vor dem Bahnhof seinen Platz finden."[20] Am 15. Januar 1992 beschlossen der Oberbürgermeister und die Beigeordneten der Stadt Dresden die Realisierung der Konzeption *Lenins Lager*. Die endgültige Entscheidung sollte die Stadtverordnetenversammlung treffen. Einen Tag später schaltete sich die *Bild-Zeitung Dresden* ein, in dem sie eine TED-Umfrage organisierte und deren Ergebnis am nächsten Tag veröffentlichte. Die Umfrage ergab, dass die Leserschaft der *Bild-Zeitung* zu 84,3 Prozent für die vollständige

Entfernung des Denkmals stimmte. Am 5. März 1992 hatten die Stadtverordneten zwischen der Option der kostenlosen Realisierung von *Lenins Lager* und dem ebenfalls kostenlos vorzunehmenden zerstörungsfreien Abbau und Abtransport zu entscheiden und wählten letzteres. Am Tag darauf schrieb die Dresdner Zeitung: „Ausgerechnet ein Künstler aus München will den Stadtverordneten und uns Dresdner insgesamt erklären, wie mit dem monumentalen Denkmal des Lenin umgegangen werden soll. ... Soll der große Lenin wirklich weiter täglich unseren schönen neuen Frieden stören? Nein, sagten gestern die Stadtverordneten."[21]

(Foto: Bundesbildstelle)

Karl-Marx-Monument 1990 in Chemnitz.

Bei dem Umgang der kommunalen Volksvertretungen mit der symbolischen Oberfläche der DDR sind zwei Grundtendenzen erkennbar: *Erstens* ist ein deutlicher Unterschied zwischen der Provinz und den größeren Städten zu erkennen. Auf dem Lande und in kleineren Städten wurden im Vergleich zu den Großstädten weniger Straßen umbenannt. In einer Rundreise durch manche Dörfer kann man noch das ganze Alphabet sozialistischer Namensgebungen abfahren, angefangen von „A" wie „Straße des Aufbaues" über die „Straße der Bodenreform", „der Einheit", „der Freundschaft", „der Genossenschaft", „der Jungen Pioniere", „der Opfer des Faschismus", „der Thälmann-Pioniere" bis hin zur „Straße der Völkerfreundschaft". Auf dem Lande findet man auch noch sozialistische Denkmäler und angewandte sozialistische Kunst. In mittleren Städten ist die Lage anders. Das Städtchen Lutherstadt Eisleben hat sein mit einem deutsch-sowjetischen Heldenmythos verbundenes Lenin-Denkmal ins Deutsche Historische Museum (Berlin) gegeben. Chemnitz wiederum erhält seinen monumentalen Marx-Kopf weiter als Wahrzeichen und Touristenattraktion. Der Marx-Kopf dient zudem als Souvenir-Motiv und inspirierte das offizielle Label der Stadt: „Chemnitz – Stadt mit Köpfchen". *Zweitens* spielen inhaltliche Momente eine Rolle: Waren die Namensgebungen oder die Denkmäler Verweise auf die vorkommunistische Arbeiterbewegung oder auf den Kampf gegen den Nationalsozialismus, so ging man toleranter mit ihnen um. Handelte es sich hingegen ausschließlich um kommunistische Bezüge (Lenin, Thälmann) und um Referenzen auf die Gegenseite des Westens während des Kalten Krieges (Pieck, Ho-Chi-Minh), so war der Weiterbestand weniger wahrscheinlich.

(Foto: Stadtarchiv Erfurt)

Die Transformation der Arbeitswelt

Die Verschrottung des „gelebten Lebens"

Die Wochen nach der Währungsumstellung erlebte der größte Teil der Ostdeutschen mit freudigem Optimismus. So manche Konsum- und Reisewünsche, die bis dahin unerfüllbar schienen, konnten sich viele Menschen nun erfüllen, und die Angleichung der Gehälter und Löhne an das „Westniveau" schien auch nur noch eine Frage der Zeit zu sein. Freilich erwarteten die Menschen, dass bei der Einführung der Marktwirtschaft einige – nur vorübergehend[22] – arbeitslos werden würden. Doch man vertraute auf die eigene persönliche Leistungsfähigkeit und glaubte, dass eher ‚die anderen' von Arbeitslosigkeit betroffen sein würden. Die Vorstellungen der Bevölkerung über die eigenen Fähigkeiten und Chancen, die nun endlich nicht mehr durch politische Eingriffe in die Wirtschaft gehemmt sein würden, dokumentieren die Diskussionen im Leipziger Gewandhaus, die einige Monate vor der Währungsumstellung im Oktober und November 1989 geführt worden waren. Seine Vorstellungen über die Umgestaltung der Wirtschaft beschreibt ein Mann am 29. Oktober 1989 so: „Jedem nach seinen Leistungen, so muss die Gesellschaft organisiert werden. Und über die maximale Befriedigung unserer Bedürfnisse hat der Markt zu bestimmen und nicht die staatliche Plankommission! Nicht Schwindelstatistik bringt uns voran, sondern nur die echte Produktion von Waren und Werten, frei von Stützungen und Umrechnungsfaktoren. Die niedrigen Preise für Bröt-

chen und Mieten waren einmal ein Aushängeschild der DDR, heute aber sind sie ein Hemmnis. Viele Wohnungsprobleme ließen sich über den Mietpreis regeln." Im Herbst 1989 erschien nicht die Arbeitslosigkeit das Problem, sondern die Tatsache, dass die Entlassung in die Arbeitslosigkeit im DDR-Wirtschaftssystem eine leere Drohung bleiben musste. Herr U. äußert sich hierzu in der gleichen Diskussion so: „Das Arbeitsgesetzbuch muss so verbessert werden, dass die Leiter ohne großen Zeitverzug nicht ausgelastete Personen wie auch arbeitsunwillige Mitarbeiter in Produktionsabteilungen umsetzen und in hartnäckigen Wiederholungsfällen auch entlassen können. Die Aufstockungen und die Herunterstufung des Lohnes entsprechend dem Leistungsprinzip muss in allen Bereichen zum Alltag werden."[23]

Doch die Umgestaltung der Wirtschaft zeitigte 1990 ganz andere Effekte, als man im Herbst 1989 noch erwartet hatte. Bekanntlich ging etwa die Hälfte des DDR-Exportes in den kapitalistischen, die andere Hälfte in den sozialistischen Wirtschaftsraum.[24] Da für die Handelspartner im Osten die Umstellung der ostdeutschen Wirtschaft auf die D-Mark eine Vervielfachung der Preise bedeutete, brach der ostdeutsche Export in den sozialistischen Wirtschaftsraum sofort zusammen. Etliche „Vorzeigebetriebe" und „Export-Meister" der DDR gingen bald nach der Währungsunion in Konkurs. Ein Jahr nach der Währungsunion schätzten die Wirtschaftswissenschaftler Gerlinde und Hans-Werner Sinn in einer ersten Bilanz ein, dass „die Schärfe der ostdeutschen Depression ohne Beispiel in der neueren Wirtschaftsgeschichte" sei. „Selbst die Weltwirtschaftskrise der Jahre 1928 bis 1933 hat keine vergleichbaren Wirkungen gehabt."[25] Ende des Jahres 1990 hatte sich die ost-

(Foto: Bundesbildstelle)

Abrissarbeiten in Bitterfeld.

deutsche Industrieproduktion im Vergleich zu den ersten beiden Quartalen vor der Währungsunion halbiert, zu Beginn des Jahres 1991 lag sie nur noch bei einem Drittel des Vorjahresniveaus.[26] Die Beschäftigungssituation in Ostdeutschland beschrieben Gerlinde und Hans-Werner Sinn so: „Die effektive Arbeitslosenquote stieg von praktisch Null zu Beginn des Jahres 1990 über 7,2 Prozent im Juli 1990 und auf 25 Prozent im Frühjahr 1991. Zum Jahreswechsel 1991/92 hatte die effektive Arbeitslosenquote den Wert von 30 Prozent erreicht. Dabei sind die in ABM- und Umschulungsprogrammen aufgefangenen Arbeitslosen mitgerechnet worden, und die Kurzarbeiter wurden in äquivalente Vollzeitarbeitslose umgerechnet. Nicht als arbeitslos gerechnet wurden jene 700.000 Personen, die bis zum Jahresende 1991 in den Vorruhestand überführt worden waren, sowie die etwa 540.000 Pendler, die in Westdeutschland Arbeit gefunden hatten. Insgesamt ging die Beschäftigung in Ostdeutschland bis zum Ende des Jahres 1991 von etwa 9,3 Millionen bis 9,7 Millionen Personen auf effektiv 5,2 Millionen Personen zurück, und im zweiten Quartal 1992 wurde die 5-Millionen-Grenze unterschritten."[27]

Die Treuhandanstalt, der die Privatisierung, Liquidierung und Rückübertragung der volkseigenen Wirtschaft übertragen worden war, setzte im Zielkonflikt von Arbeitsplatzsicherung und schneller Privatisierung auf Letzteres. 70 Prozent der von der Treuhand verwalteten Arbeitsplätze gingen verloren und ein enormer Schuldenberg wurde angehäuft.[28]

Die Arbeitslosigkeit im Osten war jedoch nicht nur für die Arbeitslosen und ihre Familien relevant. Auch jene Ostdeutschen, die nicht von Arbeitslosigkeit betroffen waren, fürchteten – überproportional oft im Vergleich zur westdeutschen Gesellschaft – in Arbeitslosigkeit und wirtschaftlichen Abstieg zu geraten. (Siehe Tabelle 2)

Die Deindustrialisierung und die Entlassungen im öffentlichen Dienst führten für viele Menschen zum Verlust der in der DDR zumeist über die Arbeitswelt vermittelten sozialen Integration. Die Arbeitswelt bildete im Alltag der DDR ein zentrales Element der Sozialintegration der Menschen. Große Betriebe in der DDR-Gesellschaft waren gewissermaßen „Sozialisationskerne"[29] und erfüllten über die Produktion hinausgehende Funktionen. Diese Betriebe hatten Polikliniken, Kindergärten, Kulturhäuser und Jugendclubs, Ferienheime und Kinderferienlager, Verkaufseinrichtungen usw. Nicht nur in diesen großen Betrieben, sondern überall in der DDR war die Arbeitswelt lebensweltlich geprägt. Zwischen den Beschäftigten bestand oft eine bis ins freundschaftliche gehende Kollegialität. Darüber hinaus überlappten sich die Beziehungen am Arbeitsplatz mit den privaten Beziehungen, die Familien der Kollegen kannten einander und man traf sich auch neben der Arbeit. Diese über das Dienstliche hinausgehenden Beziehungen entsprachen im übrigen den politischen Zielvorstellung der DDR von „sozialistischen Arbeitskollektiven". Aus strukturellen Gründen waren hier also Konkurrenzverhältnisse relativ gering, der Anpassungsdruck aber um so höher. Aufgrund dieser Konstellation war für die Leiter die persönliche, moralisierende oder politisierende Ansprache der Beschäftigten oft der effektivste Weg, um Verhaltensänderungen der ‚Werktätigen' zu bewirken. Dieses DDR-typische Klima und die Schwierigkeiten der „Transformation der Sozialordnung in Ostdeutschen Betrieben" illustriert eine soziologische Studie von Werner Schmidt, die sich auf die Umstrukturierung

Tabelle 2

Angst vor wirtschaftlichem Abstieg Vorstellung von der persönlichen wirtschaftlichen und beruflichen Zukunft bei Ostdeutschen (Werte in Prozent) Erhebungszeitraum 1990–1992				
Für die nächste Zukunft ist „ganz sicher" „oder wahrscheinlich"	1990	1991	1992	1991 (West)
Arbeitsplatzverlust	44	51	29	4
Berufswechsel	22	22	15	7
betrieblicher Abstieg	15	20	10	1
betrieblicher Aufstieg	16	16	15	23
gute Arbeitsmarktchance	17	10	14	40
Existenzgründung	12	7	6	4

Quelle: Schramm, Florian: Arbeitslosigkeit in Ostdeutschland: Wie betroffen sind die Nichtbetroffenen? In: Nickel, Hildegard Maria; Kühl Jürgen (Hrsg.), Erwerbsarbeit im Umbruch. Berlin: Akademie-Verlag, 1994, S. 55–74, S. 60.

sächsischer Metallbaubetriebe in den Jahren 1992–1994 konzentriert. Ein älterer Facharbeiter – „der ansonsten kaum ein gutes Haar an der DDR lässt", wie der Verfasser der Studie anmerkt – beschreibt das soziale Klima so: „Wir, die wir im Sozialismus groß geworden sind, wollen wir mal so sagen, das waren eigentlich alles Kollegen. Wir sind in Brigaden gewesen, da wurde das Brigadeleben gefördert ... das war eigentlich ein gutes Verhältnis. Und ich möchte sagen, das ist auch nicht mehr rauszubringen."[30] Die Situation in einem Wälzlagerwerk, das zusammen mit anderen ostdeutschen Betrieben einer Holding und einem westdeutschen Werkleiter unterstellt wurde, schildert Schmidt so: „Den Beschäftigten des Wälzlagerwerkes steht ihre Verbitterung zumeist im Gesicht geschrieben. Vielen fehlen die gewohnten Zeichen der Anerkennung, Wertschätzung und Würdigung, wie sie mit Jubilarehrungen, Auszeichnungs- und Frauentags- aber auch Maifeiern und anderen Terminen des sozialistischen Festtagskalenders verbunden waren, und die nun größtenteils verschwunden sind. ... Immer wieder wird auch auf die Abschaffung der Kaffeemaschinen verwiesen. Dabei scheint es jedoch weniger um die Maschinen als solche zu gehen. Vielmehr ist die Abschaffung von Kaffeemaschinen und Kühlschränken ein Symbol dafür, dass die Anerkennung verweigert und gleichzeitig neue Privilegien eingeführt werden. Der Werkleiter macht demgegenüber scheinbar rationale Kostenargumente geltend, was die Beschäftigten nicht überzeugt, werden doch zugleich mit hohem finanziellen Aufwand Großraumbüros geschaffen und Verwaltungsgebäude saniert.[31] Eine ostdeutsche Verwaltungsleiterin kontrastiert die Zeit vor und nach dieser Neustrukturierung so: „Wir sind ja etwas anders groß geworden. Für uns galten die Menschen verhältnismäßig gleich. Also, man hat keine großen Unterschiede gemacht, ob das jetzt der Werkleiter ist, wenn der Werkleiter 'ne Kaffeemaschine hatte, hatte der Kumpel auch eine gekriegt." Eine ostdeutsche Managerin des Betriebes beschreibt den Wandel so: „Man hat eigentlich eine Zwei-Klassen-Gesellschaft eingeführt. Unbewusst. Ich möchte den Leuten das nicht unterstellen, dass sie es bewusst gemacht haben."[32]

Der Einzug westdeutscher Verhältnisse bedeutete für die DDR-sozialisierten Beschäftigten also auch in der Arbeitswelt einen Erfahrungsbruch. Sie waren nun mit veränderten Leistungsanforderungen, ungewohnter innerbetrieblicher Konkurrenz, mit neuen Distanzverhältnissen und Leitungsstilen konfrontiert. Die bislang eher politisierte, personalisierte und nicht zuletzt moralisierte Ansprache der Arbeitnehmer wurde nun formaler, rationaler und unpersönlicher. Die sozialen Nebenfunktionen, die die Arbeitsstelle für die Werktätigen oft hatte – nämlich Knoten im persönlichen Beziehungsnetz und gewissermaßen ein Teil des Lebens zu sein – entfielen.

In den Jahren 1991 und 1992 hatte sich also die Stimmung der meisten Ostdeutschen, die bis dahin von Vorfreude, Optimismus, Zutrauen in die eigenen Fähigkeiten und Hoffnung geprägt war, deutlich gewandelt. Etwa ein Drittel der einst in der DDR Beschäftigten hatte den Arbeitsplatz verloren. Ein weiteres Drittel rechnete fest mit dem Verlust des Arbeitsplatzes. Der Stolz, trotz aller widrigen Bedingungen in der DDR gute Arbeitsleistungen erbracht zu haben, das Zutrauen in die eigenen Qualifikationen und die Zuversicht, in der umgekrempelten Wirtschaft oder Administration noch seinen Platz zu finden, war beschädigt. Hinzu kam, dass die Integration in die neue Gesellschaft, die Partizipation an ihren politischen Freiheiten, am kulturellen und materiellen Konsum, durch das Ausscheiden aus dem Arbeitsprozess und die Verringerung des finanziellen Budgets eingeschränkt blieb. So kam es, dass sich ein großer Teil der Ostdeutschen in den frühen 1990er Jahren weitgehend auf familiäre und private Netzwerke zurückzog.

Einen großen Teil der ostdeutschen Bevölkerung drückte eine depressive Grundstimmung nieder. Hierzu trug auch die Botschaft bei, dass die Ostdeutschen „ein falsches Leben im falschen System" geführt hätten. Vielen Ostdeutschen, ob nun arbeitslos oder nicht, schien es, als müsse all das, was mit Mühe aufgebaut wurde und die tägliche Arbeit gewesen war, nun als „Schrott" entsorgt werden. Für viele Industriearbeiterinnen und -arbeiter bestanden ja tatsächlich die letzten Aufgaben ihres Arbeitslebens darin, in einer Arbeitsbeschaffungsmaßnahme oder Auffanggesellschaft ihre nun unproduktiven Betriebe, in denen sie oft Jahrzehnte tätig gewesen waren, abzureißen. Durch die Medien gingen Bilder, auf denen sich riesige hydraulische Betonscheren wie vorzeitliche Riesenechsen durch die ehemaligen Industriebetriebe fraßen. Neben der deprimierenden Selbstdeutung, ein ‚falsches Leben gelebt' zu haben, machte unter den Ostdeutschen noch eine andere und populärere Formel die Runde, nämlich die Selbstdeutung, die ‚Betrogenen' der Vereinigung zu sein.

Von „Jammer-Ossis" und „Besser-Wessis"

Im Öffentlichen Dienst, in den Behörden und in der kommunalen Verwaltung, war auf der mittleren und unteren Ebene der größte Teil des einstigen DDR-Personales übernommen worden. Der Umbau dieser Bereiche wurde von westdeutschen Aufbauhelfern angeleitet, die den Zielzustand des Umbaus aus eigener Erfahrung kannten. In dieser Konstellation war das ostdeutsche Personal in den Behörden und Verwaltungen in gewissem Sinne in der Rolle von Auszubildenden, die sich die neuen Gesetze, Verfahrensweisen und Abläufe anzueignen hatten. In einer ähnlichen Rolle sahen sich auch die ostdeutschen Bürger als ‚Kunden' der Behörden und Ämter, auch sie ‚passten' noch nicht zu den neuen Strukturen. Denn das Verhältnis zwischen der in Gesetzen und im Verwaltungshandeln geronnenen Logik *auf der einen Seite* und den Erwartungen und der Kommunikationshaltung der Bürger *auf der anderen Seite*, stellt sich erfahrungsgemäß immer erst allmählich ein.[33]

Vor dem Umbruch passten Struktur und Mentalität zusammen: Wenn der ‚gelernte DDR-Bürger' auf einem sozialistisch geführten Amt etwas erreichen wollte, dann klagte oder forderte er nicht sein Recht ein (weil dieses formal oder faktisch nicht bestand), sondern schilderte seine persönlichen Umstände, die Größe des Missstandes, die

Dramatik der Lage und hob andererseits die Bedeutung seiner Arbeit und seines betrieblichen Engagements für die DDR hervor. Diese Art der informellen und personalisierten Kommunikation war innerhalb der DDR-Strukturen Erfolg versprechend, die Menschen in der DDR wendeten sie gewissermaßen automatisch, ohne viel darüber nachzudenken, an. Doch das neue System der Administration funktionierte ganz anders. Nun ging es darum, ob ein berechtigter Anspruch bestand. Persönliche Umstände waren darüber hinaus, soweit sie nicht den Anspruch selbst begründeten, ohne Bedeutung. Eine informell, durch eine persönliche Ansprache erreichte Ausnahme von der Regel, eine fallspezifische Lösung war nun nur noch illegal. Diese fehlende Passung provozierte Missverständnisse, Konflikte und wechselseitige Stereotypisierungen zwischen Ostdeutschen und Westdeutschen. Auf beiden Seiten, sowohl bei den westlichen Aufbauhelfern in den Behörden und Verwaltungen, wie auch beim ostdeutschen Personal und den ostdeutschen Bürgern herrschte zum Teil großer Unmut über die jeweils anderen. Viele Ostdeutsche empfanden das im Osten eingeführte westdeutsche System und die Personen, die es repräsentierten, als „kalt, herzlos und formal". Viele der westdeutschen Aufbauhelfer in den Behörden empfanden wiederum die Vorstellungen des einheimischen Verwaltungspersonales oft als inkompetent, informell und von „unprofessionellem Mitleid" bestimmt.[34] Die Ostdeutschen prägten den Begriff vom „Besser-Wessi" und die Westdeutschen den vom „Jammer-Ossi".[35]

Diese Spannungen zwischen Ostdeutschen und Westdeutschen zeigten sich auch auf der Ebene alltäglicher Kommunikation, die mit dem Modell des „Kulturschocks" beschrieben worden sind. Dieses Kulturschock-

Modell besagt unter anderem, dass die Angehörigen der beiden Gruppen sich so verhalten, wie es bislang in der Eigengruppe immer als normal, angemessen und Erfolg versprechend galt. Dieses „richtige Verhalten" funktioniert aber nicht mehr, wenn zwei Gruppen sich verständigen, bei denen jeweils unterschiedliche Regeln gelten. Dann misslingt die Kommunikation zwischen den Angehörigen der unterschiedlichen Gruppen oft. Da sich aber alle Beteiligten so verhalten haben, wie es bislang immer erfolgversprechend oder ,richtig' war, suchen sie, die Ursache für Missverständnisse oder Misslingen der Kommunikation bei den Anderen. (Siehe Kasten)

Das „richtige" Verhalten führt zu unerfreulichen Ergebnissen	
Ostdeutsche meinen, ihr Handeln sei richtig	Westdeutsche meinen, ihr Handeln sei richtig
Vorteil: Sicherheit, Selbstgewissheit	Vorteil: Sicherheit, Selbstgewissheit
Nennen sich selbst: gut, richtig	Nennen sich selbst: gut, richtig
Nennen die Westdeutschen: Seltsam, unverständlich, doof.	Nennen die Ostdeutschen: Seltsam, unverständlich, doof.

Quelle: Wagner, Wolf: Kulturschock Deutschland. Der zweite Blick. Hamburg: Rotbuch, 1999, S. 127.

Ein Beispiel hierfür ist die unterschiedliche Bedeutung des ,Händeschüttelns'. Im ostdeutschen Kulturraum ist bzw. war es bislang ,richtig', dass man sich beim ersten Treffen am Arbeitsplatz die Hand gibt, ebenso bei der Verabschiedung. Im westdeutschen Kulturraum ist es ,richtig', dass man sich nur bei formellen Anlässen die Hand gibt. Müssen sich nun die Ostdeutschen der westdeutschen Norm anpassen, beispielsweise in der Kommunikation mit einem westdeutschen Chef, so erscheint ihnen dieser als arrogant, distanziert und unhöflich. Kommt der Westdeutsche wiederum in eine Situation, wo er sich dem ostdeutschen Verhalten anpassen muss, so erscheinen ihm diese als steif, altmodisch und aufdringlich. (Weitere Beispiele solcher Missverständnisse siehe Kasten.)

Das Beispiel Alltagsgespräche	
Ostdeutsche	Westdeutsche
Reden lieber über Mängel und was schief-gegangen ist, was fehlt, was man bräuchte, auch wenn es sehr persönlich ist	Reden lieber optimistisch und witzig Unpersönliches, leichte Themen und Nichtigkeiten
Vorteil: erzeugt Nähe und Solidarität, entschärft mögliche Konkurrenz	Vorteil: erzeugt positive Grundstimmung mit erhöhter Aufmerksamkeit fürs Positive
Nennen sich selbst: offen, leutselig, egalitär	Nennen sich selbst: fröhlich, witzig, geistreich, diskret
Nennen die Westdeutschen: oberflächlich, unpersönlich, angestrengt, maskenhaft, abweisend	Nennen die Ostdeutschen: larmoyant, unersättlich, aufdringlich

Quelle: Wagner, Wolf: Kulturschock Deutschland. Hamburg: Rotbuch, 1996, S. 145.

Das Beispiel Konfliktbereitschaft	
Ostdeutsche	Westdeutsche
Setzen auf Harmonie und überdecken Konflikte	Meinen, Konflikte müssten zur Klärung offen ausgetragen werden
Vorteil: man kommt mit dem kleinsten gemeinsamen Nenner über die Runden	Vorteil: wenn die Klärung gelingt, bessere Zusammenarbeit
Nennen sich selbst: freundlich, solidarisch, harmonisch	Nennen sich selbst: offen, mutig, authentisch
Nennen die Westdeutschen: aggressiv, dominant, unsensibel	Nennen die Ostdeutschen: feige, scheinheilig

Quelle: Wagner, Wolf: Kulturschock Deutschland. Der zweite Blick. Hamburg: Rotbuch, 1999, S. 144.

Verlusterfahrungen

Die oben beschriebenen Konflikte können auch als Verlusterfahrungen beschrieben werden: Was früher eine nützliche Fähigkeit war, gilt nun nichts mehr. Was früher funktionierte, gelingt nicht mehr. Die Fähigkeiten und das Wissen, das man sich angeeignet hatte, und die den Erfolg des eigenen Handelns und das eigene Selbstbewusstsein begründeten, waren entwertet, weshalb man sich wieder neue Fähigkeiten und neues Wissen aneignen musste. Erwachsene wurden in enormer Breite und Tiefe wieder zu Lernenden. Das kennt man aus der Situation von Immigranten. Auch Immigranten müssen die neuen Regeln des Einwanderlandes erlernen und befolgen. Die Feststellung, dass „wir nicht so sind" oder dass „es früher anders war", kann einem Immigranten nur selten als Handlungsmaßstab gelten. Meist hat der Immigrant zu lernen und sich anzupassen. Wie Immigranten hatten die Ostdeutschen zu lernen, wie die neue Gesellschaft funktioniert und welches ihre geschriebenen und ungeschriebenen Gesetze sind. Und wie Einwanderer waren sie den Menschen gegenüber im Nachteil, die das alles schon mit der Muttermilch aufgesogen hatten. Insofern ist die Situation der Ostdeutschen mit denen von Immigranten vergleichbar – in einer anderen Beziehung jedoch nicht: Immigranten stellen immer eine besondere Auswahl der Bevölkerung dar, aus der sie entstammten. Emigranten/Immigranten sind jene, die in der Güterabwägung zwischen den Chancen des Heimvorteils der kulturellen Ansässigkeit *einerseits* und den Chancen der Trennung und des Neubeginns *andererseits* auf die Auswanderung gesetzt haben. Doch der so orientierte Teil der Ostdeutschen war spätestens in den frühen 1990er Jahren abgewandert. Bei der Trans-

formation in den neuen Bundesländern ist also jene Bevölkerungsgruppe mit den Mühen der Immigranten konfrontiert worden, die sich selbst nicht für die Emigration ‚entschieden' hätte. Es gibt noch einen anderen wichtigen Unterschied: Echte Immigranten können stets im Vergleich zu den aktuellen Verhältnissen in der einst verlassenen Heimat überprüfen, ob die Emigration tatsächlich den erhofften Zugewinn an Lebensqualität gebracht hat oder zumindest für die Kinder bringen wird. Sie können also absehen, ob sich der Assimilationsaufwand gelohnt hat oder lohnen wird. Und schließlich können echte Immigranten auch wieder rückwandern. Diese Möglichkeiten des Vergleichs und der Rückwanderung hatten die Ostdeutschen nicht mehr. Sie hatten ihr Land und ihre Kultur nicht verlassen und dennoch wurde diese Kultur allmählich unauffindbar. Das war in mancherlei Hinsicht ein Gewinn, und in anderer Hinsicht aber eine Verlusterfahrung.

Man kann die paradoxe Situation auch mit der Dimension von „Einheimischen" und „Fremden" beschreiben. Während des *Aufbaus Ost* waren die kulturellen Rollen zwischen Einheimischen und Fremden vertauscht. Für gewöhnlich ist der Fremde ein Außenstehender, der erst allmählich entschlüsseln kann, was vor sich geht. Im Besitz des wichtigen erklärenden Wissens um die geschriebenen und ungeschriebenen Regeln des Geschehens sind nur die Einheimischen. Sie haben gewissermaßen den Heimvorteil. Sie können den Fremden einweihen oder nicht. Und wenn sie letzteres tun, so hat der Fremde von den Einheimischen zu lernen. Das Paradoxe während der Transformation im Osten war nun, dass die Fremden – also die westdeutschen Aufbauhelfer – im Besitz des wichtigen Wissens um die geschriebenen und unge-

schriebenen Regeln waren, während das Wissen der Einheimischen zwar exklusiv – aber in der neuen Kultur recht wertlos war. Auch diese Verkehrung des üblichen Verhältnisses zwischen Einheimischen und Fremden nährte auf Seiten der Ostdeutschen ein Gefühl des Verlustes.

Haben Sie ein Buch über die Verständigungsprobleme zwischen Ost-Frauen und West-Frauen? Gerade ich als Ossi leide oft darunter, daß...

Das heißt nicht Ossi, sondern Ossa.

(© Freimut Wössner)

Die populäre Aufarbeitung der DDR-Vergangenheit: Von „40 Jahre betrogen" zu „Es war nicht alles schlecht"

In den ersten Monaten der Enthüllungen stand vor allem die Kluft zwischen den offiziell verkündeten Normen und dem nun aufgedeckten Handeln vieler DDR-Machthaber zur Debatte. Es ging zunächst also um die Privilegien, die sich einzelne Funktionäre herausgenommen hatten, oder Teile der wirtschaftlichen Aktivitäten der SED, beispielsweise die der GENEX GmbH[36]. Später wurden dann auch die Verbrechen des Staates, insbesondere des Ministeriums für Staatssicherheit, gegen die Bürger deutlicher fassbar. Die Bevölkerung war geschockt, Wut und Empörung griffen um sich. Zwischen dem Bedürfnis sich einerseits von diesen Repressionen und Verbrechen zu distanzieren, sich andererseits aber auch mit der eigenen Rolle und dem eigenen Leben in der DDR weiter identifizieren zu können, bestand in diesen Jahren eine Spannung. Vor allem Menschen, die in der DDR auf mittlerer Leitungsebene gearbeitet hatten, wurden mit der Frage nach ihrer persönlichen Verantwortung konfrontiert. Diese Spannung verstärkte sich noch dadurch, dass die Aufarbeitung der DDR-Vergangenheit in Politik und den zentralen Medien natürlich vornehmlich aus einer sehr kritischen und oft auch aus westdeutscher Perspektive vorgenommen wurde. So kam man in den ersten Jahren zu Etikettierungen des DDR-Alltags wie „Stasi-Staat", „Terrorregime" oder „Mangelgesellschaft". Ähnlich plakativ waren aber auch die populären Kommentare der DDR-Bevölkerung zur Frage der individuellen Verantwortung. Viele Ostdeutsche glaubten für sich das Problem bewältigen zu können, indem sie – in einer Mischung aus Selbstmitleid und Depression – feststellten, „40 Jahre lang betrogen" worden zu sein. Die Selbstverantwortung für das eigene Leben wurde bei dieser Selbstdeutung ausgeblendet. Andere wiederum hielten vermeintliche und tatsächliche Errungenschaften der DDR hoch und wehrten sich dagegen, dass „nun von den Wessis alles in den Schmutz gezogen" würde, wobei die Verbrechen und Missstände in der DDR ausgeblendet wurden. Die bekannteste Phrase, in der sich der Zwiespalt zwischen dem Distanzierungs- und dem Identifikationsbedürfnis der DDR-Bevölkerung widerspiegelte, lautete: „Es war nicht alles schlecht!"[37] Solange man sich nicht darüber verständigen musste, um welchen Preis welche „Errungenschaften" der DDR bestanden hatten, und welche Bevölkerungsgruppe diesen Preis zu zahlen hatte, konnte man sich gut darüber einigen, dass „nicht alles schlecht" gewesen sei.

Die Zwischenbilanz der Vereinigung: Ostdeutsche Gewinne und Verluste im Spiegel der Statistik

Schon früh nach der Vereinigung wurde über die Gewinne und Verluste des enormen gesellschaftlichen Umbruchs diskutiert. Die Vereinigungsbilanz der Ostdeutschen war in den neunziger Jahren eine widersprüchliche Angelegenheit. Denn sie vereint reale Veränderungen und deren sich über die Zeit wandelnde Bewertungen. Zudem prägt die Gewinn-und-Verlust-Bilanz natürlich auch in entscheidender Weise das Bild von der DDR-Vergangenheit.

Im Jahr 1990 entsprang der ostdeutsche Wunsch nach einem raschen Beitritt der DDR zur Bundesrepublik vor allem der Erwartung besserer materieller Lebensverhältnisse. Und so kam es dann auch: Was die Ostdeutschen an der westdeutschen Lebensweise bis 1990 nur ersehnen konnten, wurde nach Währungsunion und Beitritt zunächst euphorisch begrüßte Realität – und mit der Zeit auch immer selbstverständlicher. Umgekehrt wurde, was in der DDR hoch-subventioniert und selbstverständlich war – beispielsweise die geringen Mieten, die gestützten Preise bei manchen Warengruppen sowie beim öffentlichen Nahverkehr und schließlich der Schutz vor Arbeitslosigkeit – nun zu einem Kostenfaktor oder gar zum Problem.

Schaut man auf das Lohn- und das Konsumniveau, so ist seit 1990 eine deutliche Verbesserung feststellbar. In den ersten Jahren stiegen die Löhne sprunghaft von einem Drittel (1989) auf etwa drei Viertel (1993) des Westniveaus. Bis 1993 hatte sich der ostdeutsche Pkw-Bestand pro 1000 Einwohner fast verdoppelt und der Anteil der Haushalte mit Telefonanschluss verdreifacht. Dieses Wachstum im Ausstattungsniveau hatte sich in den alten Ländern über einen Zeitraum von insgesamt vierzehn Jahren erstreckt.[38] Auch die Wohn- und die Umweltsituation verbesserten sich in Ostdeutschland rasant. Diese Zugewinne blieben allerdings nicht ohne Nachteile: Die Verbesserung der Umweltsituation ging vor allem auch auf den Abbau von Industrie zurück, was auch zu Massenarbeitslosigkeit führte. Und für die neue Wohnqualität musste nun ein ungewohnt großer Anteil des monatlichen Budgets aufgewendet werden. Dennoch fiel die Bilanz der meisten Ostdeutschen zum fünften Jubiläum der Vereinigung positiv aus. Eine Umfrage aus dem Jahr 1995 zeigt das deutlich:

„Wie geht es Ihnen persönlich heute im Vergleich zur Zeit der DDR, aufs Ganze gesehen?" (1995)				
„viel besser"	„besser"	„etwa gleich"	„schlechter"	„viel schlechter"
9%	41%	27%	18%	5%

Quelle: DER SPIEGEL: „Das Ostgefühl. Heimweh nach der alten Ordnung", Nr. 27, 3. Juli 1995, S. 46.

Die Umfrageergebnisse belegen also, dass die Befragten weitaus häufiger eine Verbesserung als eine Verschlechterung ihrer Situation feststellten. In der gleichen Erhebung wurde die Frage nach der Wiedervereinigungsbilanz jedoch noch einmal anders beantwortet. Hier fällt auf, dass sich die Mehrheit der Ostdeutschen zurückhaltend äußert und sich weder als „Gewinner" noch als „Verlierer" der Vereinigung einstuft:

„Wenn Sie für sich persönlich die Bilanz der Wiedervereinigung ziehen, wozu zählen sie sich?" (1995)		
„zu den Gewinnern"	„weder noch"	„zu den Verlierern"
25%	58%	25%

Quelle: DER SPIEGEL: „Das Ostgefühl. Heimweh nach der alten Ordnung", Nr. 27, 3. Juli 1995, S. 46.

Beide Ergebnisse stehen in einem Spannungsverhältnis zueinander: Auf der einen Seite schätzt die Mehrheit der Ostdeutschen ein, dass es ihnen besser als in der DDR gehe, und auf der anderen Seite zählt sich nur eine Minderheit zu den Gewinnern der Vereinigung. Für diesen Gegensatz lassen sich drei Gründe nennen.

Erstens spürten die Menschen 1995 bereits deutlich, dass das im Jahr 1990 gegebene Versprechen von den *Blühenden Landschaften* in Ostdeutschland nicht gehalten werden würde. Viele Ostdeutsche meinten aber, dass sie ihren Anteil für das Entstehen von *Blühenden Landschaften* – die friedliche Revolution und die Beseitigung der DDR-Diktatur, die Anstrengungen beim „Aufbau Ost" und die Bereitschaft, beruflich noch einmal neu anzufangen – geleistet, dafür aber keine entsprechende Gegenleistung bekommen hätten.

Zweitens hatte sich 1995 auch der Vergleichsmaßstab geändert. Die Ostdeutschen verglichen ihr Leben nicht mehr mit dem Leben in der DDR, sondern mit dem ihresgleichen in den alten Bundesländern. Dabei wurden große Vermögensunterschiede zwischen den Westdeutschen und Ostdeutschen deutlich. Im Jahr 1996, nach den oben beschriebenen sprunghaften Lohnsteigerungen in den frühen 1990er Jahren, verfügten die Ostdeutschen noch immer über nur ein Drittel des durchschnittlichen Vermögens der westdeutschen Privathaushalte.[39] Das war mehr als zu Beginn der 1990er Jahre, aber eben immer noch deutlich weniger als der westdeutsche Durchschnitt. Ähnlich polarisiert ist die Situation beim westdeutschen und ostdeutschen Grundbesitz.[40] In der Mitte der 1990er Jahre stagnierte die Annäherung an das westdeutsche materielle Niveau schon wieder und es wurde deutlich, dass eine Angleichung noch Generationen dauern würde.

Drittens begannen sich in den 1990er Jahren viele Ostdeutsche darüber zu beklagen, dass ihre spezifisch ostdeutschen Erfahrungen und Problemsichten in der Öffentlichkeit des vereinigten Deutschland zu wenig Anerkennung fänden. Tatsächlich war die Sichtweise des ehemaligen DDR-Durchschnittsbürgers auf die DDR, deren Vergangenheit und Gegenwart in der ersten Hälfte der 1990er Jahre nur wenig ins öffentliche Bewusstsein der Bundesrepublik gelangt. Allerdings war diese fehlende öffentliche Bedeutung ostdeutscher Sichtweisen nicht für alle Ostdeutschen gleichermaßen ein Problem, sondern nur für jene, die sich eher als Ostdeutsche denn als Deutsche verstanden. Das sind etwa drei Viertel der Menschen in den Neuen Bundesländern,[41] also nur etwa 15 Prozent der deutschen Gesamtbevölkerung. Im Vergleich zur deutschen Gesamtbevölkerung waren sie damit klar in der Minderheit.

Die Wahrnehmung dieser Mischung aus materieller und symbolischer Unterlegenheit führte dann auch zu einem weiteren Ergebnis in der hier bereits mehrfach zitierten Umfrage. Im Jahr 1995 meinten 72 Prozent der Ostdeutschen, dass „die früheren DDR-Bürger im vereinigten Deutschland Bürger 2. Klasse sind".[42] Diese Konstellation führte in den 1990er Jahren neben den bereits beschriebenen Prozessen des Verschwindens zu einem zweiten, eher informellen Diskursstrang, in dem verschwundene Erinnerungen, die Erfahrungen und Zeichen der DDR-Vergangenheit plötzlich wieder auftauchten.

Ostalgie – das Wiederauftauchen von Symbolen der DDR-Vergangenheit

Ein Schwalbe-Moped aus der DDR wird am 11. September 1997 während der vom Stadtmuseum Erfurt veranstalteten Schau „DDR – Deutsche Dekorative Restbestände" getestet.

Die Praktiken der Bevölkerung zur Selbstvergewisserung

Ostalgie als Resultat einer besonderen Kommunikationssituation

In den vorangegangenen Abschnitten wurde die besondere Situation der Ostdeutschen in den 1990er Jahren geschildert. *Erstens* hatten die Ostdeutschen bei der Neuanpassung an die von den Altländern übernommenen Strukturen und Regeln große Anstrengungen geleistet und in diesem Zusammenhang einen enormen Erfahrungsbruch erlebt. *Zweitens* realisierten sie allmählich deutliche West-Ost-Unterschiede bei Eigentum und Vermögen, also den Chancen, als selbstständige Akteure am wirtschaftlichen Aufbau der neuen Bundesländer zu partizipieren. *Drittens* war deutlich geworden, dass die in der Öffentlichkeit, vor allem in den Medien und in der Politik kursierenden Beschreibungen von den Ostdeutschen und ihrem Leben in der DDR nur punktuell mit den Erfahrungen des größten Teils der ostdeutschen Bevölkerung zusammengingen. Die Konzentration auf die Verbrechen und Missstände in der DDR entsprach eher den Erfahrungen einer Minderheit, eben jener Menschen, die in besonderer Weise unter den Repressionen und Einengungen gelitten hatten. Wie viele Ostdeutsche sich durch Repressionen in der DDR persönlich verfolgt fühlten und nun um eine Klärung ihrer Angelegenheiten bemüht waren, illustriert die Zahl der Antragstellungen von Bürgerinnen und Bürgern auf Einsicht in ihre Stasi-Akten. Bis zum Jahr 1995

wurden eine Million, bis zum Jahr 2000 insgesamt knapp zwei Millionen solcher Anträge gestellt. Bezieht man sich auf die zehn Millionen Erwerbstätigen in der DDR von 1989, so kann man davon ausgehen, dass acht Millionen, also 80 Prozent der in der DDR erwerbstätigen Menschen, kaum und nicht in besonderer Weise zu Opfern politischer Repression in der DDR geworden waren. Die Erfahrungen dieser Gruppe von DDR-Bürgern spiegelte die öffentliche DDR-Aufarbeitung, die sich auf Diktatur und Unterdrückung konzentriert, kaum wider. Die in den 1990er Jahren vorherrschende Perspektive auf die DDR war von den Erfahrungen und Bedürfnissen der neuen ostdeutschen Meinungseliten und von der Weltsicht der verschiedenen westdeutschen Diskursführer geprägt. Die notwendige Aufarbeitung der Verbrechen und Missstände in der DDR war eine Genugtuung und Bestätigung für die Opfer bzw. die neuen Eliten. Von der ostdeutschen Bevölkerung wurde diese Diskussion mit recht unterschiedlichem Interesse zur Kenntnis genommen. Die Etikettierung der DDR als „stalinistisches Terrorregime" und als „zweite deutsche Diktatur" oder die Klassifizierung ihrer ehemaligen Bewohner als „autoritär", „unselbstständig", „obrigkeitsfixiert" und „demokratieunfähig" quittierten diese, wenn überhaupt, eher mit Kopfschütteln. Denn dieser DDR-Diskurs verfehlte, wie es der Zeithistoriker Thomas Lindenberger formulierte, „diejenigen Erfahrungen des In-der-DDR-Gelebthabens, die nicht in der Unterordnung unter das Diktat der Partei aufgingen und in Millionen von Fällen ein Mehr beinhalteten: ein mehr oder weniger sinnvoll verbrachtes Leben trotz oder auch mit der Partei, ermöglicht durch Kompromisse, Anpassungsbereitschaft oder auch Verweigerung und Rückzug in's Private."[43]

Doch was wäre eine annehmbare Beschreibung des früheren Lebens gewesen? Welche Bilanz ist nach dem Umbruch zu ziehen? – Die Diskussionslage hierzu war in der ersten Hälfte der 1990er Jahre in gewisser Weise paradox: Obwohl stetig und intensiv die DDR thematisiert wurde, entstand bei einer großen Gruppe der Ostdeutschen genau zum DDR-Thema ein Kommunikationsstau. Denn etwa zwei, drei Jahre nach dem Beitritt lagen die Anstrengungen wie auch die Unwägbarkeiten der Neuetablierung nun hinter den Neubundesbürgern. Nach einer Phase der gewissermaßen ‚atemlosen‘ Aktion, kam nun eine Phase des ‚Durchatmens‘, der Reflexion. Es bestand ein ausgeprägtes Bedürfnis an Austausch, gewissermaßen nach Inventur der Erfahrungen – sowohl was die Erfahrungen mit der DDR betraf, wie auch die Gewinne und Nöte in der Marktwirtschaft. Die neu gewonnenen Erfahrungen mit dem bundesdeutschen politischen und wirtschaftlichen System wurden bisweilen auch mit den Propagandafloskeln über den Kapitalismus und dem „unaufhebbaren Interessengegensatz von Arbeitern und Kapitalisten" abgeglichen. Diese waren aus den DDR-Medien oder aus dem „Staatsbürgerkunde-Unterricht" hinreichend bekannt. „In der DDR hatten wir nur Theorie – nun beginnt das Praktikum" war eine der populären Redewendungen, die die Spannung zwischen dem ‚Damals‘ und dem ‚Heute‘ ironisch auf den Punkt zu bringen versuchte. Es gab also ein großes Bedürfnis, sich über die Erfahrungen wie auch die Neubewertung der DDR-Zeit zu verständigen und ebenso über die spezifisch ostdeutschen Probleme in der Gegenwart. Diesem Bedürfnis kamen zu Beginn der 1990er Jahre die Medien und die Politik jedoch nicht entgegen. Aus Sicht der Ostdeutschen zeigten sich hier also bestimmte Leerstellen. Eine Reaktion auf diese Diskurs-Lücke war Ostalgie. Neben nicht-kommerzieller Ostalgie, die eine Art Laien-Diskurs über Vergangenheit und Gegenwart der Ostdeutschen darstellt, bildeten sich noch Formen von Ostalgie heraus, die auf die bestehenden Bedürfnisse mit kommerziellen Angeboten reagierten.

Ostalgie-Partys: Nachholende Verabschiedung der DDR und Selbstvergewisserung in der Gegenwart

Ostalgie-Partys waren Mischungen aus Karneval und popkultureller Revival-Party, aus Volksfest und Performance. Sie wurden als Privat-Party gefeiert oder im halböffentlichen Raum, anlässlich des jährlichen Festes im kleinen Saalbau der Kleingartensparte – oder eben als semiprofessionelle Veranstaltung, wie man sie auch vom Kleinstadt-Fasching kennt. Auch hier wurde dann von den Besuchern die Zahlung von Eintrittsgeld verlangt. Die Gäste wussten, was sie tun und erwarten konnten, viele legten DDR-typische Kleidungsstücke, Uniformen oder Accessoires an, der Raum war überladen mit den einstigen DDR-Propaganda-Requisiten, mit Papierfähnchen, Porträts, Symbolen, Zeichen, Fahnen und Transparenten mit den Propagandasprüchen oder deren ironischen Abwandlungen. So, wie es ein karnevaltypisches Musikrepertoire gibt, gab es auch ein Repertoire für Ostalgie-Partys: Schlager und Popsongs aus der DDR, hinzu kamen die musikalisch überarbeiteten Fassungen der sozialistischen Hymnen und der sogenannten „Arbeiter- und Kampflieder". Auch der Conferencier einer Ostalgie-Party hatte seine typischen Floskeln und seine spezielle Publikumsansprache: Es waren die auf die Spitze getriebenen Kommunikationsrituale der offiziellen DDR – das groteske Pathos, die sperrige Sprache, die gigantomanischen Selbstzuschreibungen und schließlich der paternalistische und autoritäre Zugriff auf „das Volk" im Saale. Spielerisch wurde agitiert und kontrolliert, und im Ergebnis mancher „Kontrolle" erfolgte eine „Zuführung" zu einem Publikumsspiel auf der Bühne. Wie beim Karneval wurde die reale Welt imitiert und über die Imitation triumphiert. Man war wehmütig und zugleich feierte man, dass die dargestellte Vergangenheit ihre Macht verloren hatte. Solche Partys waren sicherlich nicht für jene Minderheit interessant, die die DDR reformieren oder überwinden wollte. Und schon gar nicht für jene, die in der DDR Opfer der Repressionen wurde. Doch die Mehrheit der Bevölkerung hatte sich – wie überall auf der Welt, so auch in der DDR – mit den Verhältnissen arrangiert. Für diese Mehrheit gehörten weder entschiedenes politisches Engagement noch Repressionen zu den DDR-Erfahrungen, die in den 1990er Jahren zu bearbeiten waren, und diese Bevölkerungsgruppe stellt hauptsächlich die Teilnehmer von Ostalgie-Partys.

Ostalgie bearbeitet in laienhafter Weise die ostdeutsche Durchschnittsperspektive auf einen wichtigen Erfahrungsbruch: Die friedliche Revolution und die Einführung der bundesdeutschen Verhältnisse in Ostdeutschland. Ostalgie ist keine Geschichtsdarstellung, sie ist nicht missionarisch und an irgendwelche Adressaten gerichtet, die zu informieren, zu bilden, zu überzeugen oder zu erbauen sind. Ostalgie ist stattdessen selbstbezogen, sie ist Selbstvergewisserung und Selbsttherapie. Ostalgie ist eine Angelegenheit von Amateuren. Da es sich um

einen Laien-Diskurs handelt, ist dieser auch ungenau, indirekt, in sich widersprüchlich, ironisch und unernst. Bausteine für diese Art von Kommunikation entstammen einerseits der DDR-Produkt-Palette und andererseits dem Propaganda-Panoptikum der DDR, dem Arsenal ihrer Slogans, Symbole und Rituale, und den darauf fußenden Sprüchen und Witzen des Volkes. Diese werden in der neuen Gesellschaft noch einmal ironisch oder sarkastisch recycelt.

Es gab in den 1990er Jahren auch professionelle Veranstalter von Ostalgie-Partys, die mit ihrem Angebot durch Ostdeutschland tourten. Der wichtigste, Ralf Heckel, der im Jahr 1999, zum 10. Jahrestag der „Wende", seine letzte Ostalgie-Party ausrichtete, erklärte in einem Interview: „Am Anfang war das so etwas wie Balsam für die Seele des Ostlers, dem immer nur gesagt wurde, dass er alles falsch gemacht hat. Hier fühlte er sich geborgen. Das ist nicht zu verwechseln mit DDR-Nostalgie: die Leute wollen nicht in die DDR zurück. Sie haben einfach ihre Geschichte verstanden – ich sehe unsere Veranstaltungen als Kind der Demokratie!"[44] Die professionelle Ausrichtung von Ostalgie-Partys markiert schließlich eine Art Übergangs-Zone von Ostalgie im engeren Sinne zu Ostalgie im weiteren, nämlich kommerziellen Sinne.

Es spricht einiges dafür, die Ostalgie-Partys als ein Phänomen der 1990er Jahre zu sehen. Ende der 1990er Jahre kamen die Anstrengungen der Orientierung und Etablierung im neuen System zu einem Abschluss. Heute ist dieses Bedürfnis nach reflektierender Rückschau im wesentlichen befriedigt. Dazu trugen auch die Medien und kommerzielle Angebote bei. Darüber hinaus scheinen die Ostalgie-Partys auch ein Phänomen bestimmter Generationen –

und zwar der in den 1980er und 1990er Jahren aktiven Menschen – zu sein. Das sind die zwischen 1945 und 1960 Geborenen, die man als die in die DDR „Hineingeborenen" oder als „integrierte Generation" bezeichnet. Auch nachfolgende ostdeutsche Generationen beschäftigen sich mit der DDR. Aber sie tun das nicht mehr, in dem sie sich an Ostalgie-Partys beteiligen, sondern beispielsweise im Internet – in themenzentrierten Foren und in Homepages. Man findet hier uferlose Debatten und Statements, in denen die Absolventen des DDR-Erziehungssystems bekannte Klischees zum Kindergarten und zur Schule in der DDR kommentieren. Andere trauern dort den verschwundenen DDR-Schokoladensorten aus ihrer Kindheit nach. Zugleich kommen Erlebnisse zur Sprache, die sich zwar in der DDR-Zeit ereignet hatten, aber eben *keine DDR-Spezifik* aufweisen wie Schulstreiche oder die Liebe in der Schule.[45]

Die Werbebotschaften der Ostprodukte: „Aus dem Osten, daher gut!"

Die besondere Situation der ostdeutschen Bevölkerung und die einseitige Art, wie ihre Vergangenheit in der Öffentlichkeit thematisiert wurde, inspirierte vor allem auch die Professionellen in der Werbebranche. Häufig gingen die Produktwerber in ihrer Zielgruppenansprache auf die in der Öffentlichkeit ausgeblendeten Erinnerungen und Erfahrungen der Ostdeutschen ein. In einer Werbekampagne für ein Cola-Getränk der Berliner Spreequell Mineralbrunnen GmbH, das mit dem aus der DDR übernommenen Markennamen *Club Cola* um die Käufergunst warb, hieß es „Hurra, ich lebe noch!"[46]

Die Cola, so schreibt der Historiker Rainer Gries in „Produkte und Medien", der ersten Kulturgeschichte der Produktkommunikation in beiden deutschen Gesellschaften, „machte hier ein existentielles Angebot. Sie kannte die Geschichte ihrer Klienten, die Berliner Cola solidarisierte sich; auch sie musste durchmachen und miterleben, was die Bürgerinnen und Bürger der DDR nach der Wende erfahren hatten: Abwertung und Abwicklung, Deklassierung und Deindustrialisierung. Aber auch soziale Aufspaltung und Entsolidarisierung. In dieser extremen gesellschaftlichen Umbruchsituation unternahm es die Produktkommunikation, den denkbar elementarsten Satz einer kollektiven Selbstvergewisserung zu formulieren. Dieser Überlebenssatz hieß: Noch leben wir. Trotzig beharrte die ehemalige DDR-Cola auf ihrem Existenzrecht – und damit zugleich auf ihrem Konkurrenz- und Wettbewerbsrecht. Mehr noch: Wie Hunderttausende ehemalige DDR-Bürger hatte sie das nötige Quantum Hoffnung und Optimismus über die ersten Jahre der Wende retten können, allen Anfeindungen zum Trotz: Von einigen belächelt, ist sie nicht totzukriegen."[47] Hierzu produzierte man einen Werbefilm. Auf einem roten Fond präsentierte man die Schwarz-Weiß-Filmaufnahmen aus DDR-Wochenschauen: Den Aktivisten Adolf Hennecke, den Stapellauf eines Schiffs, Stahlarbeiter beim Abstich. Es waren die in

Hurra, ich lebe noch!

Von einigen belächelt, ist sie doch nicht tot
zu kriegen: Club Cola – die Cola aus Berlin.
Natürlich frisch. Weniger süß. Aber mit
viel Geschmack. Gibt es jetzt auch light.

Freuen Sie sich mit.

NEU
Nur 1 kcal
pro Glas

CLUB COLA

CLUB COLA

Club Cola. Unsere Cola.
Mit natürlichem Mineralwasser
in der Mehrwegflasche.

0,5 l

0,5 l

(Foto: Archiv Rainer Gries, Weimar)

der DDR immer wieder propagierten und ins ostdeutsche Kollektivgedächtnis eingegangenen Darstellungen, die nun schon seit Jahren nur noch in der Kritik standen. Die damalige propagandistische Inszenierung der „Helden des Neuanfangs" wurde in die 1990er Jahre projiziert.

Im Handel Ostdeutschlands waren seit 1991 auch allmählich wieder Produkte im Angebot, die in Ostdeutschland produziert wurden. Eine sich als erfolgreich erweisende Vermarktungsstrategie war die der „bekennenden Ostmarken". Die einstigen DDR-Marken wurden in ihrer Verpackung, bei Bedarf auch in Rezeptur und Qualität, modernisiert. Der Markenname, seine Symbole wie auch die Geschmacksrichtung blieben die alten. Die Produkte sollten als „unsere Produkte von früher" wiedererkannt werden

und wurden dementsprechend beworben. Denn seit 1991 stellte sich bei den Ostdeutschen nicht nur über die deutsche Vereinigung, sondern auch über die heiß ersehnten Westprodukte eine gewisse Ernüchterung ein. Die hoch aufgeladenen und oft weit überzogenen Erwartungen an die Westprodukte scheiterten zwangsläufig an der Realität. Zudem war die Phase des neugierigen Ausprobierens beendet. Eine Studie über die Marktpräsenz einheimischer Frischwaren im Sortiment des Lebensmittelhandels im Jahr 1993 stellte fest, dass in jedem zweiten Geschäft Sachsens der Anteil sächsischer Frischwaren um die vierzig Prozent lag. Schon Ende 1992 hatten die „bekennenden Ostmarken" beispielsweise bei den Drogerie-Artikeln aufgeholt: Auf die Frage, welche Marken in ostdeutschen Haushalten „hauptsächlich" verwendet würden, erfuhr man, dass das Spülmittel *Fit* mit 41 Prozent der Nennungen vor *Pril* und *Palmoliv* rangierte, die im Osten bei jeweils 26 Prozent lagen. Die 1968 in der DDR eingeführte Waschmittelmarke *Spee* vereinte 62 Prozent der Nennungen auf sich, das ebenfalls aus dem Hause *Henkel* stammende *Persil* oder dessen Konkurrenz *Ariel* lagen bei etwa 20 Prozent. Produkte der Ost-Marke *Florena* konnten sich ebenso behaupten wie *Nordhäuser Doppelkorn* oder *Rotkäppchen-Sekt*. Bei langlebigen Konsumgütern dominierten hingegen die Westmarken den Ostmarkt, und völlig ruiniert schien Anfang der 1990er Jahre das Vertrauen in Schokoladen und Kaffee aus ostdeutscher Produktion.[48]

Die Produktwerbung versuchte sowohl die positiven Erinnerungen an die DDR wie auch die aktuellen Verlustgefühle und Anerkennungsprobleme ihrer ostdeutschen Zielgruppe anzusprechen. Die filterlose Zigarette *Karo* galt in der DDR als die Zigarette der Unangepassten, der Intellektuellen und Künstler. Dieses Image wurde nun in das vereinigte Deutschland hinein verlängert. Im Jahr 1991 versprach ein Werbe-Slogan für die *Karo*, dass man mit *Karo*-Rauchen einen „Anschlag auf den Einheitsgeschmack" verüben könne.

So hatte sich also die Kommunikation über die Waren aus dem Westen und dem Osten gewendet: Die einst so ersehnte und in ihrem Geschmack als raffiniert und variantenreich bewunderte Produktvielfalt des Westens wurde nun als „Einheitsgeschmack" abgetan, während einem Abkömmling der einst als eintönig und minderwertig kritisierten Produktlandschaft der DDR etwas Besonderes und Bemerkenswertes zugeschrieben wurde. Die Anerkennungsprobleme vieler Ostdeutschen, aber auch die Er-

nüchterung, die sich breit machte, nachdem die West-Produkte nun zum Alltag gehörten, versuchte man zum Beispiel auch bei der Werbung für die Produkte des einstigen Monopolisten für DDR-Unterhaltungselektronik – *RFT* – auszubeuten. In Verkehrung mancher (Vor)Urteile warb man im Herbst 1992 mit dem Slogan: „Aus dem Osten, daher gut". Auch hier wurde übrigens, wie im Werbefilm der *Club Cola*, die Botschaft auf einem roten Fond platziert.

Die Werbung für die Zigarette *Club* deutete die Vergangenheit anders. Vor einem romantischen Bild der Basteibrücke in der Sächsischen Schweiz, einem Bild, das im Bilderkanon zum Thema „unsere schöne Heimat DDR" ganz oben rangiert hatte, rief sie den Ostdeutschen zu: „Gutes neu erleben!"[49] – Die Produktwerbung des Jahres 1993 schloss damit an die Gespräche an, die an ostdeutschen Kantinen- und Wohnzimmertischen geführt wurden und in denen man zu dem Ergebnis kam: „Es war nicht alles schlecht!" In die gleiche Kerbe hieben die Werber, die die Zigarette *Juwel* bewarben. Sie reagierten damit im Übrigen auch auf die schrille *Test-The-West*-Kampagne von *WEST*, indem sie *Juwel*-Raucher in biederem Tone mitteilen ließen: „Ich rauche Juwel, weil ich den Westen schon getestet habe. Juwel eine für uns."[50] Die Zigarette *Cabinet* stellte sich als „unverfälscht und unparfümiert" dar.[51] Hier nahm man antiwestliche Stereotype aus Ostdeutschland auf und setzte sich gegen den angeblich unechten, blenderischen und parfümierten Westen ab.

Es zeigte sich noch eine andere interessante Wende. Zu DDR-Zeiten galten viele Erzeugnisse einheimischer Produktion als schlechte Kopien, Surrogate der westdeutschen Originale. Die weiß-blaue *Florena* galt halt nur als die Ost-*Nivea*. ‚Richtiger' Kaffee kam aus dem Westen, ebenso wie die ‚richtige' Schokolade oder Zigaretten. Nun wird die Sache ins Gegenteil verkehrt: Die Ostprodukte sind die echten, unverfälschten. Die Zigaretten sind nicht parfümiert, die Brötchen nicht ‚aufgeblasen', das Bier kräftigherb und die Wurst ist nicht ‚light', sondern ‚knackig'.

DDR-Lebensmittel-Marken und ihre Nachfolger 1995.

Inwieweit die Bedeutung der Ostprodukte darüber hinausging, dass sie den vertrauten Geschmack oder etwas seit Jahren Gewohntes darstellten, illustriert das Beispiel *Rondo. Rondo* war eine DDR-Kaffee-Marke im mittleren Preissegment. Im Jahr 1997 glaubte man selbst mit einer Marke des diskreditierten DDR-Kaffees einen Neustart wagen zu können. Als die Marke *Rondo* auf dem Markt wiedereingeführt wurde, ließen die Marketing-Manager keinen Zweifel an ihrer Identität aufkommen: Sie statteten das neue Produkt mit der Blau-Silber-Verpackung des DDR-*Rondo* aus und positionierten es wiederum in der mittleren Preislage. Vom Erfolg der Wiedereinführung war man bei

(Foto: Archiv Thomas Ahbe)

Rondo-Werbematerial.

der Magdeburger *Röstfein Kaffee GmbH* selbst überrascht. Für das erste Jahr wurde mit 100 bis 200 Tonnen Absatz gerechnet. Am Jahresende war der Absatz auf 5000 Tonnen und die Belegschaft von 40 auf 96 Beschäftigte angewachsen. 1998 war *Rondo* drittstärkste Einzelmarke im ostdeutschen Kaffeemarkt und setzte 6500 Tonnen ab. Dabei ist zu bedenken, dass zu DDR-Zeiten etwa ein Drittel des konsumierten Kaffees aus dem Intershop und aus den West-Paketen stammte. Kein einheimischer Kaffee kam gegen das Image der ,West-Kaffees' an. Doch nun, anlässlich der Markteinführung des *Rondo* sieben Jahre nach der Währungsunion, erhielt *Röstfein* begeisterte Zuschriften: „Ich bin in Freudentränen ausgebrochen, der gute alte Rondo" heißt es dort, oder: „Ja, genauso will es das Ossi-Herz!"[52]

Der Ost-Kaffee war plötzlich zu einer Herzensangelegenheit geworden. Mit dem eigentlichen Gebrauchswert von Kaffee – seinem Geschmack, seiner Haltbarkeit und seiner Bekömmlichkeit – hat das nichts zu tun. Die Rede vom „guten alten *Rondo*" ist überraschend, denn der alte *Rondo* war oft nicht gut. Als sich im Jahr 1977 und 1978 der Geschmack von *Rondo* durch den Einsatz minderwertiger Bohnen deutlich verschlechtert hatte, gingen allein im vierten Quartal des Jahres 1977 14.000 Reklamationen zum neuen Geschmack des Rondo ein.[53] Im Jahr 1991 meinten 90 Prozent der in einer Ifo-Umfrage interviewten Ostdeutschen, dass der West-Kaffee besser schmecke, 75 Prozent gingen von einer längeren Haltbarkeit der Westprodukte aus. Auf die Frage, ob sie Kaffee aus ostdeutscher Produktion kaufen würden, antworteten dann auch folgerichtig rund 70 Prozent mit „nie".[54] Doch nachdem einige Jahre ins Land gegangen waren, hatte sich die Sicht auf den *Rondo* verändert. Es gibt also gute

Gründe, die Rede vom „guten alten *Rondo*" als eine Konstruktion anzusehen. Sie ist eine Antwort auf die bis dahin in den Medien vorgenommene Abwertung des in der DDR geführten Lebens. Die Verbraucher bekennen sich zum eigenen, in der DDR geführten Leben, indem sie sich zu den Produkten und Marken, die dieses Leben in der DDR begleitet hatten, bekennen und ihnen besondere Wertschätzung zukommen lassen. Manchmal scheinen die Produkte als Botschafter überfordert, etwa wenn der *Trabi*, ein seit den späten siebziger Jahren auch für eingemauerte Ostdeutsche als völlig veraltetes Automobil erkennbar, nun plötzlich als „Legende auf Rädern" gilt.

In der zweiten Hälfte der 1990er konnte selbst eine so schlecht beleumundete Produktgruppe, wie die DDR-Schokoladen-Marken fröhliche Urständ feiern. Im Jahr 1995 kam die *Knusperflocke* wieder auf den Markt und wandte sich – wie die *Club Cola* und andere Marken – mit einer Wieder-Da-Rhetorik an das Publikum. 1998 folgte die *Bambina*, im Jahr darauf die *Schlager-Süßtafel*. Die aus der DDR-Zeit stammenden Marken werden nun in einem 1999 in Zeitz neu errichteten Werk produziert. Allein mit der *Knusperflocke* und der *Bambina* ist im Jahr 1999 ein Umsatz von 31 Millionen DM erzielt worden.[55]

Auch das Gaststätten- und Hotel-Gewerbe versuchte in der zweiten Hälfte der 1990er Jahre seine Kundschaft mit dem Verweis auf die gemeinsame ostdeutsche Vergangenheit anzulocken. Im Herbst 1997 stellte ein Leipziger Kneipenwirt ein Schild auf den Gehweg, auf dem er verkündete: „4.10. bis 12.10. – Woche der Ostalgie – Speisen und Getränke wie zu Erichs Zeiten, alles zu kleinen Preisen, fast wie damals!!". Die „Woche der Ostalgie" lag etwa in dem

(Foto: Archiv Thomas Ahbe)

Werbematerial der Firma „Zetti".

Zeitraum, in dem auch immer die staatsoffizielle Festwoche der DDR um den Nationalfeiertag, dem 7. Oktober, positioniert wurde und in der sich Veranstaltungen und kulturelle Höhepunkt konzentrierten.

Anfang 1998 berichtete die Presse davon, dass in Almsfeld bei Wernigerode ein ehemaliges FDGB-Heim, das nun zu einer Stuttgarter Firmen-Gruppe gehört, in ein „Ostalgie-Hotel" umgewandelt werden sollte. Zwar fand einmal in den Räumen des Almsfelder Hotels eine große Ostalgie-Party statt, als Marketinginstrument setzte man „Ostalgie" später jedoch nicht ein − anders als in Zittau. Am 7. Oktober 1999, zum „50 Jahrestag der DDR", eröffnete in Zittau auf dem Gelände der ehemaligen Offiziershoch-

schule „Ernst Thälmann", ein Hotel, das sich „Haus des Ostens" nannte. Hier muss der Gast neben Geldumtausch allerlei Einreiseformalitäten wie sie in der DDR „für Bürger mit ständigem Wohnsitz in der BRD" üblich waren, über sich ergehen lassen. Der einstige DDR-Dissident Lutz Rathenow hatte das inzwischen in „Hotel Sittavia" (Sittavia ist eine alte Namensform von Zittau) umbenannte Etablissement besucht. Er notierte: „Der Chef führt den Besucher stolz herum und erklärt. Auf dem Flur stehen Erinnerungsschränke, vom Ost-Verbandskasten bis zu den Waschmittelverpackungen. Natürlich fehlt ein Honecker-Bild mit Trauerflor nicht. Obenauf eine Krone aus Stacheldraht, die soll symbolisch die kritische Reflexion ersetzen. Die Zimmer wirken immer noch unter-

4. 10. – 12. 10.

Woche der Ostalgie

Speisen und Getränke
· wie zu Erichs Zeiten, alles
zu kleinen Preisen,
fast wie damals..!!

(Foto: Thomas Ahbe)

schiedlich – irgendwo zwischen interessant und lächerlich. So entsteht dann der museale Bildungseffekt, wenn das „Putzi"-Zimmer mit dem über die Lastkraftwagen („VEB Robur") verglichen wird. Dederon-Beutel, Püree und Möhren, neben Mitgliedsausweisen und Propaganda der Pionierorganisation. … Hinter Glas finden sich Dokumente, Fotos und Gegenstände aus der DDR-Zeit. … Das Telefon funktioniert. Der Fernseher zeigt per Kabel soviel Westfernsehen wie überall. Und früher nie in Zittau."[56]

Offensichtlich scheint also nicht nur der Verweis auf die DDR-Wurzeln der Produkte, sondern auch die Bezugnahme auf das sozialistische Geschichtsbild und dessen Sym-

bole zu einem Marketinginstrument geworden zu sein. Im Jahr 1999 warb eine Rostocker Brauerei für eine neue Biersorte. Sie hieß „Roter Oktober". Das Flaschenetikett war ganz in Rot gehalten. Im oberen Teil prangte eine Art sozialistisches Wappen: Aus einem roten Band erwuchs ein kreisförmiger Ährenkranz. In dem derart umschlossenen Kreis strahlte ein goldener reliefartig ausgearbeiteter Sowjetstern. Alle Worte auf dem Etikett und den Werbematerialien (T-Shirts, Fahnen, Plakate) waren in Großbuchstaben geschrieben wobei das „R" spiegelverkehrt abgebildet und zum kyrillischen „Я" wurde, um auch auf diese Weise den Bezug herzustellen zum Land der „Großen Sozialistischen Oktoberrevolution", dem Land, aus dem der „Befreier, Freund, Genosse" kam, dem Land, das in der offiziellen Sprache der DDR als die „Führungsmacht des Weltsozialismus und aller gegen Ausbeutung und Unterdrückung kämpfenden Völker der Erde" und als Anlass für andere langatmige und durstig machende Parolen galt. Auf dem Werbeplakat wurde in Anspielung auf die SED-Genossen gefragt: „Heute schon Genossen?" und ansonsten ein ЯEVOLUTIONÄЯEЯ BIEЯGENUSS" versprochen.

(Foto: Archiv Thomas Ahbe)

Werbeplakat zur Biersorte „Roter Oktober".

Die Ampelmännchen-Industrie: Das Geschäft mit der Erinnerung

Mitte der 1990er Jahre wurde deutlich, dass man mit Produkten, deren Gebrauchswert lediglich darin besteht, auf ostdeutsche Alltagskultur zu verweisen bzw. Erinnerungen an die DDR-Zeit zu stimulieren, gute Gewinne machen kann. Allmählich entwickelte sich eine Art „Ampelmännchen-Industrie". Ihre Kunden konnten sich mit Hilfe dieser Produkte einerseits mit der ostdeutschen Vergangenheit beschäftigen, andererseits aber auch spezielle Unterscheidungsbedürfnisse befriedigen. Die hier als „Ampelmännchen-Industrie" bezeichnete Branche nutzte die Chance des schlagartigen Verschwindens großer Teile der Alltagsoberfläche der DDR und deren Ersetzung durch die bundesdeutsche − eben beispielsweise durch den Austausch der spezifischen DDR-Piktogramme in den Fußgänger-Ampeln durch die bundesdeutschen Piktogramme − in dem sie diese verschwundenen Dinge bewahrte, „rettet" und schließlich vermarktete.

In der Selbstdarstellung der MAKE-Design GmbH, die die Rechte am Ampelmännchen besitzt, wird erläutert, dass es 1995 zunächst um die Idee ging, „das durch die Auswechselung in den Ampeln in Vergessenheit geratene Ampelmännchen mit verschiedenen Aktionen zu retten. ... Als das Interesse für eine kommerzielle Nutzung der bekannt gewordenen Marke stieg", habe der aus dem Westen kommende Industrie-

designer Markus Heckhausen das „Ampelmännchen" schließlich als Schutzmarke angemeldet und die MAKE-Design GmbH gegründet.[57] In dem von der Firma veröffentlichten „Lebenslauf des Ampelmännchen" findet sich die erzählerische Figur des „Helden im ostdeutschen Umbruch" der sich, schon ausrangiert, seine Existenz erkämpft, ähnlich der Markenbotschaft der *Club Cola* und anderer Produkte. Die Geschichte der Ampelmännchen liest sich so: „Trotz hervorragender Funktion und großer Beliebtheit in Ost und West und im Ausland fielen auch sie der Abwicklung zum Opfer und wurden seit der Wende nach und nach gegen die DIN-genormten West-Ampelmännchen ausgetauscht. Nach immer stärkeren Protesten schlugen sich einige Politiker der neuen Länder auf die lukrativere Seite und beschlossen den Fortbestand der alten Ampelmännchen in den Ampeln dieser Länder. Somit dürfen wir Fußgänger uns auch weiterhin dem aufheiternden Anblick der forschen Männchen erfreuen. Nur nicht an den Bundesstraßen, wo der Bund das letzte Wort hat. Der hält nämlich nach wie vor am steifen Westmännchen fest."[58]

Neben Dutzenden Produkten der Ampelmännchen-Familie gibt es ein fast unüberschaubares Sortiment an (N)Ostalgie-Waren. Außer diesen Kult- und Designprodukten fanden und finden vor allem auch Gesellschaftsspiele ihren Absatz. Zu nennen wäre hier etwa das Quartettspiel „Kost The Ost", das die Marken-Etiketten von DDR-Lebensmittel-Produkten präsentiert, ein DDR-Monopoly oder Ratespiele. In einem Würfel- und Wissensspiel wird das Vorankommen der Spieler befördert, wenn sie auf möglichst viele der insgesamt 6000 Fragen zu „Politik, Kunst, Sport sowie allen möglichen Details von *Ata* bis *Zetti*" die richtige Antwort finden. Hinzu kommen Hunderte −

Ampelmännchen in Erfurt.

(Foto: LZT)

neue oder neuaufgelegte – Buchtitel, Tonträger, Videos und DVDs deren Inhalte aus der DDR stammen oder die DDR-Zeit thematisieren. Wie alle Märkte reagiert auch der Ostalgie-Markt auf eine Nachfrage und hält diese Nachfrage durch immer neue Angebote aufrecht. In dieser Hinsicht ist Ostalgie eine marktbestätigte Realität. Es gibt sozusagen ein anhaltendes und stabiles „Käufer-Votum" für Produkte, deren einziger Gebrauchswert in der Erinnerung und in der Kommunikation eines positiven oder eines indifferenten Verhältnisses zur DDR besteht.

Eine marktlogische Konsequenz ist, dass die herrenlosen Symbole bald als Marken privatisiert werden sollten. Im April 2004 brach ein Rechtsstreit um die Vermarktungsrechte des DDR-Staatswappens und der Embleme der FDJ, der Pionierorganisation, des DDR-Fußballverbandes, des MfS, der NVA-

Sportvereinigung *Vorwärts* und einiger DDR-Fußballvereine auf, nachdem ein Karlsruher Geschäftsmann die vorgenannten Signets für sich sichern wollte.[59] Im Oktober 2004 wies das Landgericht Hamburg die entsprechend beantragten Unterlassungsverfügungen zurück. Das Wappen der DDR-Pionierorganisation auf einem T-Shirt, so die Urteilsbegründung, fungiere nicht als Marke, also als Erkennungszeichen eines Herstellers, sondern als „spaßiges oder politisches Statement", also als ein gestalterisches Element, das nicht mit einem Hersteller, sondern mit dem Träger des T-Shirts in Verbindung gebracht werde. „Der Träger eines solchen T-Shirts mag sich als ‚Junger Pionier' im Sinne einer unangepassten Lebenshaltung fühlen, er mag damit provozieren oder die DDR-Vergangenheit nostalgisch verklären wollen."[60]

(Foto: © ZB - Special)

2003: Ostalgie pur bei „Mondos Arts" in Berlin.

Die mediale Kommerzialisierung: Von der Ostalgie-Party zur Ostalgie-Show

In dem sich seit über einer Dekade vollziehenden Prozess des Verschwindens und Auftauchens von Symbolen der DDR-Vergangenheit entstand im Sommer des Jahres 2003 eine neue Konstellation. Nahezu simultan bemächtige sich das Fernsehen mit seinen DDR-Shows der Erinnerung an den durchschnittlichen DDR-Alltag. Das ZDF startete mit der „Ostalgie-Show" am Samstag, dem 17. August 2003. Am 22. August begann der MDR mit der wöchentlichen Ausstrahlung seines freitäglichen „Ein Kessel DDR" (sechs Folgen). Am Tag darauf folgte der Sender SAT-1, der jeweils samstags am 23. und 30. August „Meyer und Schulz – die ultimative Ost-Show" ausstrahlte. Am 3. September startete wöchentlich „Die DDR-Show" auf RTL, sie lief mittwochs in vier Folgen. Die Vermarktung der Ostalgie-Welle endete dann am 6. und 13. Oktober auf Pro 7 mit zwei „DDR-Spezials" in der Reihe „Kalkofes Mattscheibe". Die erste Folge der MDR-Show erreichte im MDR-Sendegebiet einen Zuschaueranteil von 22,8 Prozent. Die Ostalgie-Show des ZDF hatte in Ostdeutschland eine Sehbeteiligung von 33,9 Prozent. Deutschlandweit lagen die Quoten geringer: Die ZDF-Show erreichte 18,4 Prozent und die SAT.1-Show erreichte bundesweit 14,6 Prozent.[61]

Den Gegebenheiten des Mediums folgend wurde der DDR-Alltag für die Show-Bühne zugerichtet und zur Sensation gemacht. Die offensichtlich unvermeidbaren *Trabis* knatterten über die Bühne, die mit typischen DDR-Produkten dekoriert waren und auf der man Anekdoten um diese Produkte und den Mangel an ihnen zum Besten gab. Die Publikumslieblinge der DDR – Sportler, Fernsehleute, Künstler – erzählten aus der DDR-Zeit und wie es ihnen nach dem Beitritt ergangen war. Es gab die in einer Show üblichen Ratespiele, hier bezogen sich die Fragen auf den Alltag in der DDR. Musikalisch umrahmt wurden die Shows von einstigen DDR-Pop-Musik-Stars und ihren Hits von damals.

Für das Fernsehen war diese Art der Beschäftigung mit der DDR relativ neu. In den nach 1990 produzierten Fernsehsendungen wurden bis dahin fast nur die Verbrechen und Defizite der DDR rekonstruiert. Nun wurde die DDR auch unterhaltend dargestellt, beispielsweise indem die Leistungen der Sportler oder die Popkultur der DDR, die für einen Teil der Ostdeutschen heute noch immer Identifikationsobjekte darstellen, ins Rampenlicht gerückt wurden. Hier gab es dann auch noch eine interessante Verschiebung der Präsentation von Leistungen *in der DDR* hin zu Leistungen von Personen *aus der DDR*: Bei der Unterhaltungs-Show des ZDF bezog man sich, dem Alter der Zielgruppe entsprechend, auf Weltspitzensportler, auf Schauspieler und Schlagersänger der DDR, die ihre große Zeit *vor* 1990 hatten. In der Show von SAT-1 stellte eine andere Personengruppe die DDR dar. Hier standen Schauspieler, Entertainer und Medienleute auf der Bühne, die Erfolg und Prestige *nach* 1990 erringen bzw. aufrecht erhalten konnten und ihre DDR-Herkunft ganz selbstverständlich als Ausgangspunkt einer noch anhaltenden Karriere thematisierten. Auf der individuellen Ebene wurden hier die Jahre der DDR als normale Vor-

(Foto: © dpa – Sportreport)

Die beiden Moderatoren der MDR-Show „Ein Kessel DDR" am 20. August 2003 bei der Generalprobe in Leipzig.

aussetzung und Vorgeschichte der erfolgrei-chen Gegenwart inszeniert.

Anders als bei den Ostalgie-Partys sind bei den Ostalgie-Shows die Ostdeutschen nur noch Zuschauer. Und ähnlich wie bei der Ampelmännchen-Industrie profitiert das Fern-sehen davon, dass man der Erinnerung an die zurückliegenden Jahre in der DDR einen Anlass und einen Rahmen bereitstellte. Al-lerdings nutzte das Fernsehen diese Chan-ce erst, als das Risiko gering schien. Denn der Tabu- oder Eisbrecher für eine andere Sicht auf die DDR, die *auch* eine weitere Identifikation mit der DDR darstellte, war be-reits ein Kino-Film. Im Februar 2003 hatte „Good Bye, Lenin" Premiere, ein Film über die DDR und ihr Ende. Regisseur, Autor und Co-Autor des Erfolgsstreifens waren West-deutsche. Der Film brachte den Durchbruch bei der DDR-Darstellung.

Der Erfolg des Films beim Publikum wie auch die Kritik zeigt, dass inzwischen eine neue Art des öffentlichen Redens über die DDR legitim scheint. Das versuchte dann auch das Fernsehen mit seinen Shows zu nutzen. Die Moderatorin der zuerst ausge-strahlten Ostalgie-Show (ZDF) erläuterte in einem Interview: „Ich glaube, dass die Redaktion das schon sehr lange auf dem Tisch hatte, aber unsicher war, wann der richtige Zeitpunkt ist." So schien es sich auch bei anderen Sendern verhalten zu haben. Denn die Shows sind sehr zügig in das Programm aufgenommen worden. Die erste Folge der MDR-Reihe „Ein Kessel DDR" war vier Wochen vor ihrer Erstausstrahlung am 22. August in den Programmzeitschrif-ten mit Monatsüberblick noch nicht aufge-führt.

Fernseh-Shows als Politikum

Die Qualität der DDR-Shows soll hier nicht diskutiert werden. Vielmehr ist in dem hier behandelten Zusammenhang interessant, dass die DDR-Shows sofort zu einem Poli-tikum wurden. Die Anteilnahme und die Kontroversen bestätigen, dass hier etwas für das vereinigte Deutschland außergewöhn-liches stattgefunden hat. Ungeteilt war le-diglich die Missbilligung der ästhetischen Qualität der Shows, vor allem durch die Zeitungen. Kontrovers hingegen wurde die Frage diskutiert, ob diese Fernsehsendun-gen über die DDR politisch korrekt seien. Die Kritiker monierten vor allem, dass die Konzentration der Shows auf das DDR-Alltagsleben die diktatorische Verfasstheit des Landes ausblenden würde. „Natürlich sind wir auch mit dem Fahrrad durch den Spreewald gefahren und haben ein paar Flaschen Bier getrunken," schickt der ehe-malige DDR-Bürgerrechtler Günter Nooke seinen Protesten voraus, um dann festzustel-len: So ein Alltagsleben „gab es aber auch in der braunen Diktatur."[62] Tobias Hollitzer beginnt so: „Weihnachten in der DDR war schön, meine erste Liebe wunderbar, ich hatte viel Spaß und war oft glücklich. Sol-che persönlichen Erfahrungen stellt niemand in Frage. Und dennoch war die DDR eine Diktatur." Seine abschließende Bewertung der Ostalgie-Shows lautet: „Sie verharlo-sen die Gefahren, die der Demokratie durch totalitäre Ideologien droht und sind eine Verhöhnung der Opfer."[63] Die Präsen-tation von Normalität, die Darstellung von Arrangement oder Identifikation mit der DDR wird hier offensichtlich als Verharmlosung verstanden. Bekannte Bürgerrechtler wie Markus Meckel und Rainer Eppelmann schrieben: „Wer eine DDR-Show über das Alltagsleben zeigt, müsste auch eine Show über das Alltagsleben im Dritten Reich akzeptieren."[64] – „Nazi-Diktatur und DDR waren beide unmenschliche Diktaturen. Dass man überhaupt auf den Gedanken kommt, derartige Shows zu produzieren, ist unanständig und verstößt gegen alle politische Hygiene."[65]

Diese Betonung der Terrorqualität des DDR-Systems ist bei westdeutschen Kritikern der Ostalgie-Shows kaum anzutreffen. Sie sprechen stattdessen von einer „miesen kleinen Diktatur" deren „bunte Seiten" nun „entdeckt und hervorgekramt werden."[66] – „Um Stasi, Mauertote und Reiseverbote geht es nur am Rande"[67], bemerken die Kommentatoren unaufgeregt in westdeutschen Regionalzeitungen[68] oder bewerten die Shows als „Gratwanderung".[69]

In den Leserbriefspalten[70] der ostdeutschen Regionalzeitungen finden sich sowohl Zustimmung wie auch Ablehnung zu den DDR-Shows. Ein Leser aus einem thüringischen Dorf rief sogar nach einem Verbot der Ostalgie-Shows: „Meine Frage an den Ministerpräsidenten: ... warum kann ein solch provokantes Handeln der TV-Einrichtungen nicht verhindert werden?"[71] Viele Leserbriefschreiber verwahrten sich auch gegen die Kritiken der Politiker an den Shows. „Nichts gegen Nachdenken über die untergegangene DDR – aber das soll bitte schön jeder selber tun! Da braucht's nicht ständig der Vorgaben von Politikern und Medien, wie man zu denken hat. Wir waren eigentlich froh, dass die Zeit der Denkvorgaben vorbei ist." Dann geht die Schreiberin zum ‚Gegenangriff' über: „Wann nehmen Politiker und Medien zur Kenntnis, dass es in der DDR nicht nur Bürgerrechtler und Widerstandskämpfer gab? Jeder hat die DDR anders erfahren und gelebt. Die einen haben sich gewehrt und die überwiegende Masse ist mit gelaufen oder hat sich eingerichtet."[72] Eine andere Art, die Skandalisierung der Shows abzuwehren, ist der Verweis auf die aktuelle Arbeitslosigkeit, Kinder- und Altersarmut, und die Behandlung der Ostdeutschen „als Menschen II. Klasse."[73] – „Es gibt wichtigeres, über das man sich aufregen könnte", so eine weitere Stimme.[74]

Die redaktionellen Pressebeiträge beschäftigten sich vor allem mit der Machart der Shows. Sie tun das zumeist ziemlich harsch. Die Kritiken beziehen sich nicht nur darauf, wie mit den ostdeutschen Gästen umgegangen wurde. An die Shows wird auch die Erwartung herangetragen, über den normalen DDR-Alltag zu informieren. Nach der ZDF-Show fragt man verärgert: „War die DDR wirklich so elendig zusammengestümpert wie diese 90 Minuten?"[75] – Der Rezensent eines anderen Blattes wird „den Eindruck nicht los, die DDR war bloß ein schlechter Witz".[76] Ein anderes Resümee der DDR-Thematisierung lautet: „Nach der vereinfachenden Verdummung als freudlos-dumpfer Stasistaat folgt damit die verklemmt-spießige Abstempelung als saukomische Lachnummer ... Trabi, FKK, Soljanka und sofort. Nur Folie, kein Innenleben."[77]

Bilanz eines Diskursereignisses

Die „Ostalgie-Shows" vom Spätsommer des Jahres 2003 machten erstens deutlich, dass die Deutung der DDR-Vergangenheit durch die ostdeutsche Bevölkerung anders ausgerichtet ist, als durch die politische Elite. Nahezu alle Beiträge von Angehörigen der politischen Klasse stellten den diktatorischen Charakter der DDR in den Vordergrund. Vom größten Teil der Bevölkerung wird die DDR jedoch sehr pragmatisch danach bewertet, welches Muster an Möglichkeiten und Grenzen die DDR auf der Alltagsebene bot. Diese Struktur von Chancen und Risiken wird mit der des heutigen Alltags in Bezug gesetzt. Der diktatorische Charakter des DDR-Systems bleibt unbestritten, scheint aber aus dieser Perspektive für die Bilanzen vieler Bürger geringe Bedeutung zu haben. *Zweitens* haben die Ostalgie-Shows die Momente der Normalität des Alltags wie auch verschiedene Lebensmodelle in der DDR-Gesellschaft vorgestellt. Das lieferte auch den westdeutschen Beobachtern einige Einblicke in die Normalität und Durchschnittlichkeit des Alltags der DDR-Bürger. Die Ostdeutschen erschienen nun weniger als Diktatur-Exoten und mehr als Verwandte mit einer eigenen Alltagskultur. *Drittens* ist anzumerken, dass das Fernsehen mit den Ostalgie-Shows lediglich das tat, was die Buchbranche und die Ampelmännchen-Industrie schon seit Jahren tut. Dass man dem Fernsehen diese ‚nachholende Ostalgisierung‘ nicht ohne Weiteres durchgehen ließ, verweist auf den offiziellen Charakter, der dem Fernsehen zuerkannt wird. Zugleich haben die letztgenannten

Kritiken oder Verrisse der Ostalgie-Shows durch ostdeutsche Regionalzeitungen aber auch die gewachsenen Ansprüche angedeutet, an denen die Beschäftigung mit der DDR in den Medien gemessen werden wird.

Ein Relikt der Ostalgie-Show-Welle ist die Rate-Show „delikat", die freitags vom MDR ausgestrahlt wird.[78] Sie unterscheidet sich von anderen Quizshows darin, dass sich die Fragen nur auf die DDR beziehen und die Teilnehmer aus den alten Bundesländern stammen müssen. Spielerisch wird in dieser Show gewissermaßen der Spieß umgedreht: Westdeutsche müssen sich in einer ihnen fremden Alltagskultur auskennen. Dabei führt die Sendung vor, wie die westdeutschen Gäste bei banal wirkenden Fragen – bei denen der Einheimische den Kopf schüttelt und behauptet: „Das weiß man doch" – verunsichert sind, genau so, wie es den Ostdeutschen in den 1990er Jahren erging, als sie sich die Traditionen und Regeln der westdeutschen Kultur anzueignen hatten. Man kann diese Sendung als ein Zeichen für eine Normalisierung in der Aneignung der DDR-Vergangenheit ansehen.

Zusammenfassung: Die Ostdeutschen und das Bild vom Osten nach 1990

(Foto: Bundesbildstelle)

Mit dem Beitritt der DDR zur Bundesrepublik im Jahr 1990 begann für die ostdeutsche Bevölkerung eine Zeit großer Anstrengungen beim Neustart in einem anderen wirtschaftlichen, politischen und kulturellen System. Durch alle Altersgruppen hinweg und in allen sozialen Rollen – als Schüler, Jugendliche, junge Erwachsene, als Eltern, als Berufstätige, die oft schon in der zweiten Hälfte ihres Arbeitslebens standen oder als neue Selbstständige – lernten sie um.

Die Integration der Ostdeutschen in das neue System geschah nicht in einer Art ‚historischer Schonzeit', denn auch die alten Bundesländer waren von den sich überstürzenden Ereignissen betroffen. Das vereinigte Deutschland suchte nach einer neuen Rolle als souveräner Staat in der Weltpolitik. Noch größer waren die Probleme der Westdeutschen bei der Übernahme der ehemaligen DDR. Viele Entscheidungen wurden – in historischen Dimensionen gedacht – geradezu ‚übers Knie gebrochen'. Zudem gab es bei der Einführung der wirtschaftlichen, politischen und kulturellen Standards der alten Bundesländer in Ostdeutschland große Reibungen. Das hatte man so nicht erwartet. Denn schließlich waren es ja die Ostdeutschen gewesen, die 1989 zu Tausenden in den Westen geflohen waren und die in den beiden Parlamentswahlen von 1990 die Option für einen schnellen Beitritt gewählt hatten. Der Alternativvorschlag für eine autonome Demokratisierung und wirtschaftliche Umstrukturierung der DDR im Rahmen einer Konföderation wurde in der DDR nie mehrheitsfähig. Die Erwartung der Westdeutschen, dass die von der großen Mehrheit der Ostdeutschen gewählte Übernahme des westdeutschen Modells im Osten mit Dankbarkeit und ohne Kritik akzeptiert werden würde, war also nicht aus der Luft gegriffen.

Einer der Gründe dafür, dass es bei der Integration der ehemaligen DDR in die Bundesrepublik zu erheblichen Spannungen zwischen Westdeutschen und Ostdeutschen kam, war sicherlich, dass die Kenntnisse über die einst eingemauerte DDR im Westen gering waren. Doch auch die Bereitschaft der Westdeutschen, die für sie unbekannten Erfahrungen und Sichtweisen der Ostdeutschen kennen zu lernen, sie zu verstehen oder zumindest zu akzeptieren, entwickelte sich nicht so, wie es von vielen Ostdeutschen erhofft wurde.[79]

Der Diskurs zu den Ostdeutschen und zur DDR wurde in den 1990er Jahren im Wesentlichen von zwei Gruppen von Akteuren geführt: Zum einen von den Intellektuellen, Politikern und Journalisten aus den alten Bundesländern, und zum anderen von Ostdeutschen, die durch das DDR-System behindert oder Opfer staatlicher Gewalt geworden waren und nun zu den neuen politischen Eliten gehörten. Diese Konstellation wirkte sich auf das Bild von der DDR und von den Ostdeutschen aus. Die westdeutschen Diskursteilnehmer reduzierten die DDR im Wesentlichen auf eine „verbrecherische Diktatur" und eine „marode Wirtschaft". Auch viele ehemalige Systemkritiker des Westens identifizierten sich mit Blick auf die Zustände in der ehemaligen DDR nun rückwirkend mit ihrer alten Bundesrepublik. Gerade ehemalige Sympathisanten antikapitalistischer oder alternativer Gesellschaftsprojekte bezeichneten die Ostdeutschen nun mit von Zorn und Enttäuschung getrübtem Blick als durch die Diktatur „deformierte, autoritäre und demokratieunfähige" Untertanen, die in ihren Wertvorstellungen den Westdeutschen in den 1950er Jahren glichen.

Die Gruppe der ostdeutschen Diskursteilnehmer betonte bei ihrer DDR-Darstellung das, worunter sie selbst gelitten hatte und was sie zu Gegnern der DDR-Verhältnisse werden ließ: *Erstens* die staatlichen Gewaltmaßnahmen, *zweitens* die politische und geistige Bevormundung, die sich von der Zensur inländischer und ausländischer Druckerzeugnisse bis zu Reiseverboten erstreckte; *drittens* die Ineffizienz der sozialistischen Planwirtschaft mit ihrem paradoxen Nebeneinander von subventionierter Verschwendung und Mangel an Konsumgütern und *viertens* schließlich das als opportunistisch gegeißelte Arrangement vieler Ostdeutscher mit den bestehenden Verhältnissen.

Dieser Diskurs zu den Ostdeutschen und der DDR fand nicht nur in den Qualitätsmedien statt. In seiner Substanz war er auch in jenen Medien präsent, die breite Kreise der Bevölkerung tagtäglich wahrnehmen. Auch auf dieser Ebene waren die ‚weißen Flecken' bei der Beschreibung der ostdeutschen Bevölkerung und der DDR deutlich. Der Alltag, die Erfahrungen und die Sinnvorstellungen jenes Teils der Ostdeutschen, die nicht zu Opponenten oder Opfern des DDR-Regimes geworden waren, kamen kaum oder nur in sehr verzerrter Form vor.

Zu dieser kommunikativen Gesamtsituation gab es natürlich auch ein Echo. Es gab unsichtbar gebliebene und eher stillere Reaktionen – und deutliche expressivere. Zu letzterem ist ein Laien-Diskurs zu rechnen, für den sich der Name Ostalgie eingebürgert hat. Mittels Ostalgie kommentierte und kompensierte ein Teil der Ostdeutschen die Einseitigkeiten und Lücken des damaligen professionellen Diskurses zur DDR. Der Ostalgie der 1990er Jahre kann man drei Funktionen zuschreiben. Zum einen diente Ostalgie als eine Art Relativierung, die unangenehme Wahrheiten über die Eigengruppe oder das

eigene Leben zurückweisen will. Zum anderen stellt Ostalgie eine Art Selbsttherapie dar, die die Auswirkungen der in den 1990er Jahren erfolgten geschichtspolitischen Kolonisierung der Ostdeutschen ausgleicht. Und schließlich ist Ostalgie ein kommerzielles Konzept, das einen Markt geschaffen hat und Bedürfnisse wecken will, die auf diesem Markt befriedigt werden sollen.

In seiner Eigenschaft als Laien-Diskurs ist Ostalgie nicht nur für die Zeitgeschichte der 1990er Jahre, sondern auch allgemein interessant. Das gewissermaßen ‚von unten' erfolgende und ungesteuerte Zustandekommen eines Laien-Diskurses illustriert nämlich, wie wichtig Diskurse zu Geschichte, Traditionen und Kultur einer Bevölkerung für die Identität einzelner Menschen sind. Die Identität von Menschen ist in ihrem Ergebnis zwar ein individuelles und einmaliges Konstrukt – ihre Entstehung, Anpassung und Fortschreibung vollzieht sich aber stets in engem Zusammenhang mit den großen gesellschaftlichen Erzählungen oder Diskursen. Zu diesem universellen Zusammenhang zwischen individueller Identität einerseits und andererseits den großen gesellschaftlichen Erzählungen merkt der amerikanische Psychologe Kenneth J. Gergen pointiert an: „Jeder von uns lebt innerhalb bestimmter historischer Erzählungen, ja, er ist ein Konstrukt derselben – Erzählungen über unser Volk, unsere Kultur, Region, Familie und dergleichen mehr. Mein Vermögen, in der Gegenwart eine moralische Identität zu erlangen, ist aufs Engste mit meiner Beziehung zu den Erzählungen der Vergangenheit verknüpft."[80] Ostalgie kann also als eine Methode betrachtet werden, jene als zurücksetzend oder problematisch empfundene Urteile und Lücken in der gesellschaftlich gültigen Erzählung über „die Vergangen-

heit" oder über „unser Volk, unsere Kultur, Region" – also in diesem Falle über „die Ostdeutschen" – zu modifizieren.[81] Dennoch wurde und wird Ostalgie oft als Demonstration missverstanden, dass man die DDR „wieder haben", die Vereinigung „rückgängig machen" oder dass man sich nicht integrieren wolle. Vielmehr als das ist Ostalgie jedoch eine *Integrations*strategie. Ostalgie weist – mehr oder weniger demonstrativ – darauf hin, dass ein Teil der Ostdeutschen bei ihrer Integration in das vereinigte Deutschland, auf ihre eigenen, von denen der westdeutschen Mehrheit abweichenden Erfahrungen, Erinnerungen und Werte nicht verzichten wollen.

Erläuterungen

[1] Datenreport 1994. Hrsg. v. Statistischen Bundesamt. Bonn, 1994, S. 310f., zit. nach: Hübner, Peter: „Revolution in der Schrankwand"? Die Objektkultur des DDR-Alltags und ihre Musealisierung in der Perspektive der sozialhistorischen Forschung. In: Kuhn, Gerd; Ludwig, Andreas (Hrsg.), Alltag und Soziales Gedächtnis. Die DDR-Objektkultur und ihre Musealisierung. Hamburg: Ergebnisse Verlag, 1997, S. 152–169, S. 153.

[2] Vgl. zusammenfassend Thumfart, Alexander: Die politische Integration Ostdeutschlands. Frankfurt/M: Suhrkamp, 2002, S. 17, S. 20–43.

[3] Gibas, Monika; Gries, Rainer: „Vorschlag für den Ersten Mai: Die Führung zieht am Volk vorbei!" Überlegungen zur Geschichte der Tribüne in der DDR. In: Deutschland Archiv 5/1995 S. 481–494.

[4] Vertrag über die Schaffung einer Währungs-, Wirtschafts- und Sozialunion zwischen der Bundesrepublik Deutschland und der Deutschen Demokratischen Republik vom 18. Mai 1990. Zit. nach: Dokumente der Wiedervereinigung Deutschlands. Hrsg. v. Ingo von Münch. Stuttgart: Alfred Kröner-Verlag, 1991, S. 213–276, hier S. 237.

[5] Sinn, Gerlinde; Sinn, Hans-Werner: Kaltstart. Volkswirtschaftliche Aspekte der deutschen Vereinigung. München: C.H. Beck/dtv, 1993, S. 67.

[6] In der im Jahr 2003 ins Kino gebrachten Tragikomödie „Good Bye, Lenin" eine Szene mit auf dem Gehweg stehenden, entsorgten Möbeln zu sehen.

[7] Leipziger Tageblatt, 23. April 1991.

[8] Mittenzwei, Werner: Die Intellektuellen. Literatur und Politik in Ostdeutschland 1945–2000. Leipzig: Faber & Faber, 2001, S. 473.

[9] Vgl. den gleichlautenden Volkskammerbeschluss vom 23. August 1990. Zit. nach Dokumente der Wiedervereinigung (wie Anm. 4), S. 326.

[10] In den Jahren zwischen Mai 1945 und bis einschließlich 1949 wurde am meisten umbenannt. Allein im Jahr 1945 gab es 90 Umbenennungen, in den Jahren 1946 bis 1949 74 Umbenennungen. Die restlichen 236 Um- und Neubenennungen verteilten sich auf die vierzig Jahre DDR.

[11] Stadtverordnetenversammlung Leipzig, Drucksache Nr. 289, S. 19 und Beschluß der Leipziger Ratsversammlung vom 12. 07. 2000.

[12] Leipziger Volkszeitung, 3. Oktober 1990.

[13] Die Bewertung von Marx ändert sich. Als Ende 2003 das ZDF die Zuschauer in einer über mehrere Wochen dauernden Umfrage danach fragte, wer ihrer Meinung nach der „größte Deutsche" sei, kam bei den Bewohnern der neuen Bundesländer und bei denen Berlins, Hamburgs und Bremens Marx auf Platz eins.

[14] Das zeigte sich auch in der Umbenennung des einstigen Georgi-Dimitroff-Platzes vor dem Gebäude des ehemaligen Reichsgerichtes, in dem 1933 der von den Nazis als Schauprozess aufgezogene Reichstagsbrandprozess gegen Marinus van der Lubbe und weitere mögliche Mittäter geführt wurde. In diesem Zusammenhang wurden auch die Kommunisten und als einer der Hauptangeklagten der bulgarische Kommunist, Georgi Dimitroff, der Verantwortlichkeit für den Reichstagsbrand bezichtigt. Dimitroff verteidigte sich selbst und konnte öffentlichkeitswirksam die Haltlosigkeit der Anklage sowie seine Unschuld beweisen. Die Anklage Dimitroffs und sein Freispruch hatte für die kommunistische Tradition seit jeher eine große symbolische Bedeutung. Sie fungierte zum einen als Verweis auf den enormen Verfolgungsdruck und Terror der Nazis gegen die Kommunisten und zugleich als Symbol für Rechtfertigung der kommunistischen Sache. Der Platz vor dem in der DDR

später als Museum für Bildende Künste und als Georgi-Dimitroff-Museum genutzten Gebäude wurde 1949 in Georgi-Dimitroff-Platz umbenannt. Im Jahr 1997 beschloss die Leipziger Ratsversammlung die Entfernung des Namens und entschied sich mehrheitlich für den nationalliberalen Abgeordneten und Präsidenten des Deutschen Reichstags Eduard von Simson als Namensgeber, der 1879 bis 1891 der erste Präsident des Reichsgerichts war.

[15] Stadtverordnetenversammlung Leipzig, Drucksache Nr. 289, S. 5.

[16] Die genannten Straßen wurden umbenannt in „Ulmer Straße", „Breisgauer Straße", „Mannheimer Straße", „Ludwigsburger Straße" und „Offenburger Straße".

[17] Aufgrund Stadtratsbeschluss 690/96 gebildet.

[18] Stadt Leipzig, Amt für Statistik und Wahlen, Arbeitsgruppe „Straßen- Um- Neubenennungen": Protokoll zur Beratung der Arbeitsgruppe vom 01.12.1998.

[19] Mit Ausnahme des Bronzereliefs am Hauptgebäude der ehemaligen Karl-Marx-Universität, dessen Entfernung aus baustatischen Gründen erst mit dem anstehenden Campus-Neubau zu bewältigen ist.

[20] Herz, Rudolf: Lenins Lager. Berlin: Karin Kramer Verlag, 1992, S. 5. siehe auch: http://www.rudolfherz.de/LENINS_LAGER.HTML.

[21] Zit. nach Herz, Lenins Lager, S. 30.

[22] Im Juli 1990 lag die Arbeitslosenquote in der DDR bei 7,2 %. Vgl. Sinn/Sinn, Kaltstart (wie Anm. 5), S. 34.

[23] Ahbe, Thomas; Hofmann, Michael; Stiehler, Volker (Hrsg.), Wir bleiben hier! Erinnerungen an den Leipziger Herbst '89. Leipzig: Gustav-Kiepenheuer-Verlag 1999, S. 15f.

[24] Sinn/Sinn, Kaltstart (wie Anm. 5), S. 46.

[25] Sinn/Sinn, Kaltstart (wie Anm. 5), S. 35.

[26] Sinn/Sinn, Kaltstart (wie Anm. 5), S. 34.

[27] Sinn/Sinn, Kaltstart (wie Anm. 5), S. 34f.

[28] „Aus volkswirtschaftlicher Sicht ist die Bilanz der schnellen Privatisierung katastrophal. Über 70 Prozent der Arbeitsplätze wurden verloren, die Noch-Treuhand-Betriebe arbeiten immer noch defizitär. Die fiskalischen Lasten sind extrem." Hickel, Rudolf; Priewe, Jan: Nach dem Fehlstart. Ökonomische Perspektiven der deutschen Einigung. Frankfurt/M.: S. Fischer, 1994, S. 57, 55.

[29] Kohli, Martin: Die DDR als Arbeitsgesellschaft? Arbeit, Lebenslauf und soziale Differenzierung. In: Kaelble, Hartmut; Kocka, Jürgen; Zwahr, Hartmut (Hrsg.), Sozialgeschichte der DDR. Stuttgart: Klett-Cotta, 1994, S. 31–61.

[30] Schmidt, Werner: Metamorphosen des Betriebskollektivs. Zur Transformation der Sozialordnung in ostdeutschen Betrieben. In: Soziale Welt, 46 (1995) H. 3, S. 305–325, S. 309.

[31] Schmidt, Metamorphosen des Betriebskollektivs, S. 319.

[32] Schmidt, Metamorphosen des Betriebskollektivs, S. 319.

[33] Offe, Claus: Die deutsche Vereinigung als „natürliches Experiment". In: Bernd Giesen und Claus Leggewie (Hrsg.), Experiment Vereinigung. Ein sozialer Großversuch. Berlin: Rotbuch, 1991; S. 77–86, 78f.

[34] Dreke, Claudia: Der fremde Osten. Formen der Verarbeitung von Fremdheit in der West-Ost-Migration nach 1990 am Beispiel von Verwaltungsangestellten. Berlin: Logos Verlag, 2003, S. 144.

[35] Dreke, Der fremde Osten, hier besonders S. 104–112.

[36] Die GENEX Geschenkdienst GmbH lieferte an in der DDR lebende Empfänger Waren, die von in der BRD oder im westlichen Ausland wohnenden Auftraggebern in Devisen zu bezahlen waren. Über GENEX konnten DDR-Bürger nicht nur in Besitz von Westprodukten kommen, sondern auch aus der ‚sozialistischen Wartegemeinschaft' ausscheren, in der DDR-Bürger auf die Chance warteten, bestimmte rare DDR-Produkte erwerben zu kön-

nen – Autos, Fertighäuser, bestimmte Modelle aus dem Bereich Unterhaltungselektronik, Haushaltsgroßgeräte, Möbel etc. GENEX bot für die DDR-Wirtschaft zusätzliche Möglichkeit, einen Teil der Produkte zu einem devisenbringenden Westexport zu machen und dabei gleichzeitig den inländischen Bedarf zu decken. Schon die Existenz der 1957 angeblich von der DDR-Regierung gegründeten GENEX Geschenkdienst GmbH war für die meisten DDR-Bürger, da sie von GENEX nicht profitieren konnten und da diese Institution den beständig propagierten Gleichheitsgrundsatz verletzte, ein Ärgernis. Die Empörung erreichte ihren Höhepunkt, als im Winter 1989/90 bekannt wurde, dass GENEX in Wahrheit ein organisationseigener Betrieb der SED war.

[37] Im Jahr 1991 stimmten 87 Prozent der Ostdeutschen der Aussage zu: „In der DDR war nicht alles so schlecht, wie es jetzt dargestellt wird." Becker, Ulrich; Becker, Horst; Ruhland, Walter: Zwischen Angst und Aufbruch. Das Lebensgefühl der Deutschen in Ost und West nach der Wiedervereinigung. Düsseldorf, Wien, New York, Moskau: Econ Verlag, 1992, S. 166ff.

[38] Geißler, Rainer: Neue Strukturen der sozialen Ungleichheit im vereinten Deutschland. In: Hettlage, Robert; Lenz, Karl (Hrsg.), Deutschland nach der Wende. München: C.H. Beck, 1995. S. 119–141, S. 129f; Zapf, Wolfgang; Habich, Roland: Die sich stabilisierende Transformation – ein deutscher Sonderweg? In: Rudolph, Hedwig (Hrsg.), Geplanter Wandel, ungeplante Wirkungen: Handlungslogiken und -ressourcen im Prozeß der Transformation. Berlin: Edition Sigma, 1995, S. 137–159, S. 142f.

[39] Institut für Wirtschaftsforschung Halle: Eigentums- und Vermögensstrukturen in den neuen Bundesländern. In: Deutscher Bundestag (Hrsg.), Materialien der Enquete-Kommission „Überwindung der Folgen der SED-Diktatur im Prozeß der deutschen Einheit". Vol. III/2. Baden-Baden: Nomos, 1999. S. 1792–1923, S. 1795f. Tabelle 2.1.

[40] Im Jahr 1993 besaß die Hälfte aller Haushalte der alten Bundesländern Grundvermögen. In den neuen Bundesländern verfügen nur ein Viertel der Haushalte über Grundbesitz, dreiviertel sind grundbesitzlos. Institut für Wirtschaftsforschung Halle: Eigentums- und Vermögensstrukturen (wie Anm. 39), S. 1823. Man geht davon aus, dass 90 Prozent des in den neuen Bundesländern von natürlichen Personen vermieteten Wohnraums im Besitz von Privatpersonen sind, die ihren Wohnsitz außerhalb der neuen Bundesländern haben. Institut für Wirtschaftsforschung Halle: Eigentums- und Vermögensstrukturen (wie Anm. 39), S. 1817. Vgl. auch Busch, Ulrich: Vermögensdifferenzierung und Disparität der Lebensverhältnisse im vereinigten Deutschland. In: Berliner Debatte INITIAL, H. 5, 1996, S. 103–119.

[41] Sozialreport 1997. Daten und Fakten zur sozialen Lage in den neuen Bundesländern. Hrsg. v. Sozialwissenschaftlichen Forschungszentrum Berlin-Brandenburg e.V. durch Gunnar Winkler, Berlin: Verlag am Turm, 1998, S.32ff.

[42] DER SPIEGEL: „Das Ostgefühl. Heimweh nach der alten Ordnung", Nr. 27, 3. Juli 1995, S. 49.

[43] Lindenberger, Thomas: In den Grenzen der Diktatur. Die DDR als Gegenstand von „Gesellschaftsgeschichte." In: Eppelmann, Rainer; Faulenbach, Bernd; Mählert, Ulrich (Hrsg.): Bilanzen und Perspektiven der DDR-Forschung Paderborn. Verlag Ferdinand Schöningh, 2003, S.239–245, S. 240.

[44] Berliner-Zeitung, online, 03. Oktober 1999.

[45] Einen Einblick liefert Zonentalk. DDR-Alltagsgeschichten aus dem Internet. Hrsg. v. Mühlber, Felix; Schmidt, Annegret. Wien, Köln, Weimar: Böhlau Verlag, 2001.

[46] Gries, Rainer: Der Geschmack der Heimat. Bausteine zu einer Mentalitätsgeschichte der

Ostprodukte nach der Wende. In: Deutschland Archiv, H. 10, 1994, S. 1041–1058, S. 1056.

[47] Gries, Rainer: Produkte als Medien. Kulturgeschichte der Produktkommunikation in der Bundesrepublik und der DDR. Leipzig: Leipziger Universitätsverlag, 2003, S. 33f.

[48] Gries: Produkte als Medien, (wie Anm. 47), S. 20f.

[49] Gries: Produkte als Medien, (wie Anm. 47), S. 31.

[50] Gries, Der Geschmack der Heimat, (wie Anm. 46), S. 1049.

[51] Gries, Der Geschmack der Heimat, (wie Anm. 46), S. 1051.

[52] Leipziger Volkszeitung, 22/23. November 1997, Journal S. 1.

[53] Gries: Produkte als Medien, (wie Anm. 47), S. 47f.

[54] Gries: Produkte als Medien, (wie Anm. 47), S. 47f.

[55] Leipziger Volkszeitung, 23. Juli 1999, S. 7; 28. Januar 2000, S. 6.

[56] Rathenow, Lutz: Die DDR hinterlässt ihre Kinder. Zu Besuch im Hotel Sittavia in Zittau. In: Berliner Republik, online, 2/2001.

[57] http://www.ampelmann.de/html/copyright.html.

[58] http://www.ampelmann.de/leben.

[59] Vgl. „Markennummer 303 34 503. Ein Karlsruher Geschäftsmann hat sich die DDR lizenzieren lassen – und will jetzt abkassieren." In: Neues Deutschland, 20. April 2004, S. 3.

[60] Zit. nach Neues Deutschland, 7. Oktober 2004, S. 3. Am 18. November 2004 teilte das Münchner Patentamt mit, dass die entsprechenden Markeneinträge gelöscht wurden. Am 10. Dezember 2004 wies allerdings das Hamburger Landgericht die Klage des Eulenspiegel-Verlags zurück, der die Erben des Urhebers des DDR-Staatswappens vertrat und gegen Manfred Jansen wegen Verstoß gegen das Urheberrecht geklagt hatte. Mit dieser Gerichtsentscheidung hat Manfred Jansen nun das Staatswappen und andere ostdeutsche Symbole für 300 Euro als geschütztes Markenzeichen erworben und beim Deutschen Marken- und Patentamt in München wieder eintragen lassen. Sein Anwalt kündigte auch gegen den Löschungsantrag beim Patentamt Beschwerde an. Dann muß das Bundespatentgericht über den Fall entscheiden (dpa/ND 11./12. Dezember 2004, S. 6).

[61] www.grimme-institut.de/scripts/archiv/presseschau/prschau10_03.

[62] Neue Osnabrücker Zeitung, online, 18. August 2003.

[63] Tobias Hollitzer in einem Statement für die Leipziger Volkszeitung, 18. August 2003.

[64] Markus Meckel in BZ-Berlin, 17. August 2003, S. 23. Hier findet sich auch ein Überblick zu kritischen und zustimmenden Äußerungen prominenter Ostdeutscher zu den Shows.

[65] Rainer Eppelmann in BZ-Berlin, 17. August 2003, S. 23.

[66] Bernhardt Honnigfort in „Seitenblick", einem kurzen Einwurf der Frankfurter Rundschau vom 18. August 2003. Der Autor verweist nüchtern auf die Einsichten der empirischen Mediennutzungsforschung zu den Fernsehgewohnheiten des Ost-Publikums und auf das Kalkül der Sender.

[67] Badische Zeitung, online, 16. August 2003.

[68] „Auferstanden aus den Quoten". In: Neue Rhein/Ruhr-Zeitung, rz-online, 18. August 2003, „Das große Ostalgie-Rauschen". In: Stuttgarter Nachrichten, online, 18. August 2003.

[69] Michael Krechting in Neue Osnabrücker Zeitung, online, 18. August 2003.

[70] Leserbriefseiten, insbesondere von Regional-Zeitungen, widerspiegeln stets ein ausgewogenes, plurales Meinungsbild zu einem Gegenstand und lassen keine Rückschlüsse auf das quantitative Verhältnis der Meinungen, wohl aber über die verschiedenen Wertpositionen und Argumentationsmuster zu.

[71] „DDR-Verklärung im großen Stil". In: Thüringer Landeszeitung, Politik, online, 09. August 2003 ist der Befund eines anderen Leserbriefschreibers.

[72] Thüringer Landeszeitung, Politik, online, 21. August 2003.

[73] Thüringer Landeszeitung, Politik, online, 21. August 2003.

[74] Thüringer Landeszeitung, Politik, online, 21. August 2003.

[75] Mielke, André: „Das putzige Land vor unserer Zeit." In: Berliner Morgenpost, 19. August 2003, online.

[76] Schultheis, Christoph: „Das Kuriositätenkabinett." In: Berliner Zeitung, 19. August 2003.

[77] Klaus Baschleben in einem Kommentar der Leipziger Volkszeitung vom 25. August 2003.

[78] Der MDR kündigte für den 24. Oktober 2004 den Beginn einer weiteren Staffel der Quizsendung, nun mit der Moderatorin Andrea Ballschuh an.

[79] Vgl. Ahbe, Thomas: Der Osten aus der Sicht des Westens. Die Bilder zu den Ostdeutschen und ihre Konstrukteure. In: Bahrmann, Hannes; Links, Christoph (Hrsg.), Am Ziel vorbei. Die deutsche Einheit – Eine Zwischenbilanz. Berlin: Ch. Links Verlag (ersch. 2005).

[80] Gergen, Kenneth J.: Erzählung, moralische Identität und historisches Bewußtsein. In: Straub, Jürgen (Hrsg.), Erzählung, Identität und historisches Bewußtsein. Die psychologische Konstruktion von Zeit und Geschichte. Frankfurt/M: Suhrkamp, 1998, S. 170–202, hier S. 199f.

[81] Taylor, Charles: Multikulturalismus und die Politik der Anerkennung. Frankfurt/M: Fischer Taschenbuch Verlag, 1997, S. 13f.